池上彰＋増田ユリヤ
Akira Ikegami & Julia Masuda

歴史と宗教がわかる！

世界の歩き方

ポプラ新書
236

はじめに

「月日は百代《はくたい》の過客《かかく》にして、行きかふ年もまた旅人なり」

かつて松尾芭蕉が記した『おくのほそ道』の冒頭です。旅に出たくなると、この文章を思い出します。旅を愛した芭蕉は、旅への思いが醒めることなく、東北に旅立ちます。

当時は江戸から東北に旅するのも大変でしたが、いまや地球の反対側に行くことだって簡単です。それだけに、ここ数年、コロナ禍で海外に出ることができない状態で悶々とした日々を過ごした人も多かったのではないでしょうか。

新型コロナウイルスの感染が拡大した途端、書店から海外旅行のガイドブックが一斉に姿を消しました。誰も買う気になれなかったからですね。

でも、ようやく「ウィズ・コロナ」の時代がやってきました。感染防止に気を配りながらも、海外旅行が可能になったのです。ガイドブックが欲しくなったでしょう?

そんなあなたの想いに応えるべく誕生したのが、この本『世界の歩き方』です。ちょっと大げさな書名でしょうか。

私たちが国内で縮こまっていた間に、世界は大きく変容しています。

2022年10月に2年半ぶりに訪れたニューヨークは様変わりしていました。コロナ禍から抜け出し、景気が急回復。住宅ブームが起きて、高層ビルの建築ラッシュでした。

コロナ禍で働き方を変えた人も多く、飲食店では従業員を呼び戻そうとしても、相当高額な給料を提示しないと戻ってきてくれないんだそうです。結果、コストが上昇して物価も高くなりましたが、給料も上がっているのです。

こんな様相を見ると、アメリカの活力を感じます。

2年半で変わったことのもう一つは、大麻(マリファナ)が合法化されたこと。ニューヨークの歩道を歩いていると、あちこちから甘いにおいが漂ってきます。最初は「タバコのにおいではないなあ、なんだろう」と思っていたのですが、これが大麻だったのです。

大麻の販売店もあちこちにできました。ニューヨーク州政府に言わせると、大麻ビジネスが活性化することで、新たな雇用が生まれるというのです。アメリカと日本の常識の違いを痛感します。

念のために言っておきますが、在ニューヨーク日本総領事館は、「大麻は日本では禁止されています。罰せられることがあるので要注意」とニューヨーク在住の日本人に呼びかけています。

もうひとつ変わったことは、おいしい「行列のできるラーメン店」が増えていたこと。2016年の大統領選挙のとき、私はニューヨークを取材拠点にして1か月間滞在しましたが、おいしいラーメン店を見つけるのが一苦労でした。ラーメン店と称していても、食べてみたら〝なんちゃってラーメン〟が多かったのですが、いまや日本国内の店と遜色のないところが増えました。まだ日本人観光客が戻ってきていなかったので、店内に日本人の姿はなく、アメリカ人で満員でした。

そういえば、パリにもラーメン店が増えています。学生の街カルチェラタン付近にはベトナム料理やカンボジア料理などフランスの植民地だった地域の食がいっぱいあるのですが、ラーメン店が立ち並ぶ一角もあるのですよ。

今回紹介する国は8か国です。増田さんも私も世界各地を旅していますが、その中でも二人が共通して訪ねたことのある国のなかから、変化が大きい国、宗教を理解するのに欠かせない国、いまの世界情勢を理解するうえでカギとなる国を選びました。

経済が急成長しているベトナム、日本人をはじめ世界各地から多くの人が出稼ぎ（!?）にいくシンガポール、3つの宗教の聖地があるイスラエル、ヨーロッパとアジアの間にあるトルコ、EU経済のカギを握るドイツ、ロシア抜きには語れない歴史を持つフィンランド、ブレグジットを経験したイギリス、そして世界のリーダーであるアメリカ。同じ国であっても、増田さんの見方と私の見方は大きく異なります。二人で語り合うと、「そんな風に見ているのか」という新たな発見があります。

これまでよくある旅のガイドと異なり、本書では、それぞれの国の政治や歴史、宗教に関する解説も多く盛り込まれています。海外旅行に行くと、日本の常識が通用せず、意味がわからないままですましてしまい、後になってから、「ああ、そういうことだったのか。初めに知っておけばよかったのに」と悔しく思うことがあるものです。そんなことがなるべくないように、まずはこの本で予習しておいてください。

また、いまはまだ海外旅行に行くことができないという事情の人もいるでしょう。そんな人は、この本を読んで旅した気分に浸ってください。本文には、増田さんが撮影した写真もたくさん登場します。まさに「本で旅する」のです。

2023年1月

池上彰

世界の歩き方／目次

第2章　日本人が出稼ぎにいく⁉
多民族の都市国家シンガポール

第３章
直行便の就航で近くなる？
３つの宗教の聖地があるイスラエル　65

第5章　メルケル・ロスを経験　EU経済のカギを握るドイツ　129

第6章　ついにNATO加盟へ　世界一しあわせな国フィンランド　159

第8章

多様な価値観がうずまく　世界のリーダー・アメリカ　219

第1章

高い経済成長率を誇る!「日本の新しい隣人」ベトナム

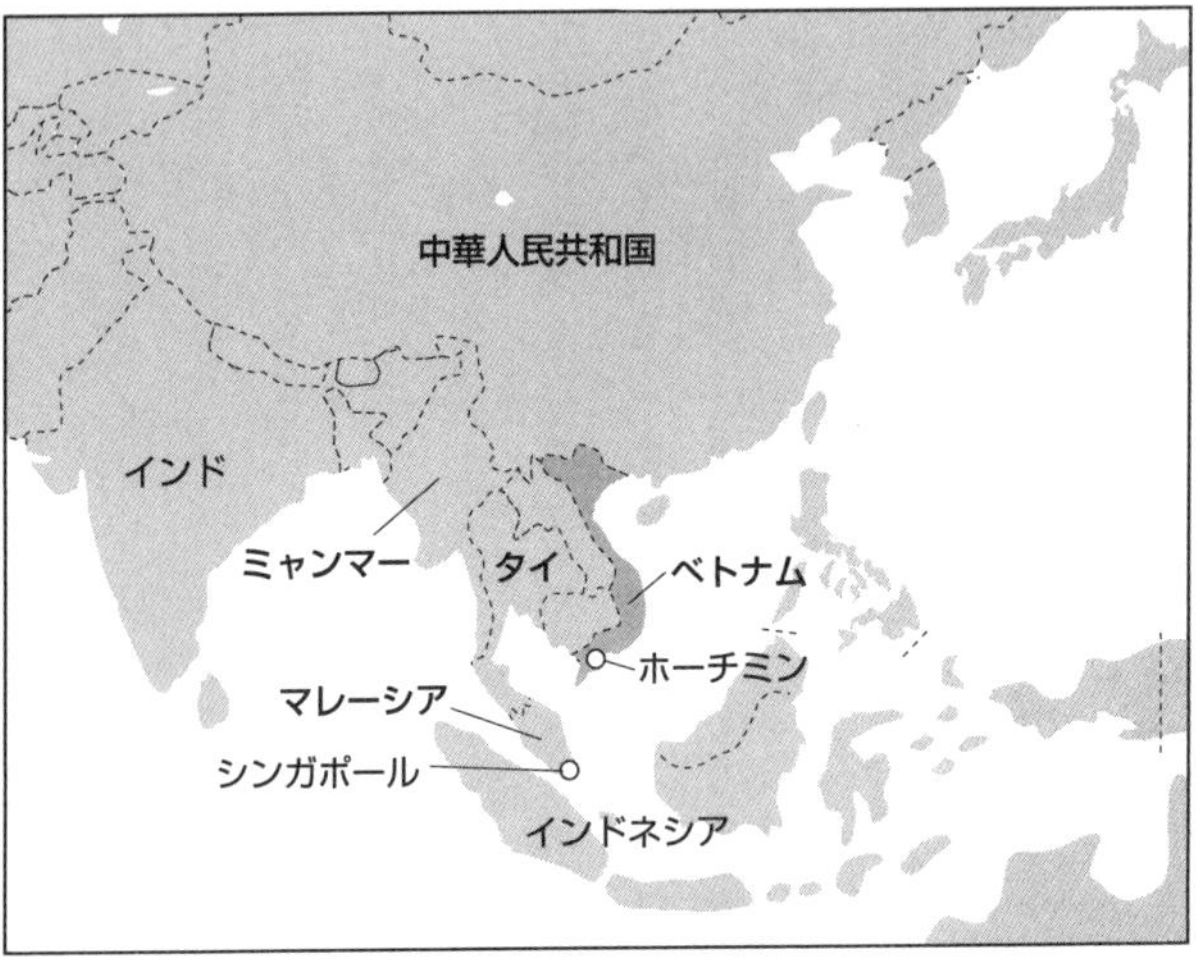

Socialist Republic of Viet Nam

ベトナム社会主義共和国

人口

約9700万人

首都

ハノイ

民族

キン族(86%)ほかに53の少数民族

言語

ベトナム語

宗教

仏教ほか

おしゃれな書店がたくさんあるホーチミン

池上　それでは各国の歴史と宗教を中心に、それぞれの国の魅力を紹介していきましょう。まずはアジアの国から、1か国目はベトナムです。

私の世代は、ベトナムというと1970年代のベトナム戦争の記憶が強いのですが、ベトナムに行ってみると、いい意味で裏切られて、こんなに経済が発展しているんだと驚きます。

その国が発展するかを判断するひとつの基準として、私は書店がどれぐらいあるかを見るようにしているのですが、2000年ごろにベトナムのホーチミンに行ったら立派な書店がありました。

書店の中にいたら、たまたま万引きしようとした若い男性が取り押さえられたんです。どんな本が欲しかったんだろうと思って見たら、英語の参考書だったんです！

増田　何だか切ない話だわ。万引きしてまで英語の勉強をしたかったなんて。

池上　ホーチミンは暑いので、お店の人たちは店が暇なら、昼寝でもしているのかなと思ったら、店番の若者たちが日陰で本を読んでいたんですよ！これは、ベトナムは発展するなと思ったら、案の定ですよ。

同じ時期に中国の上海にも行ったのですが、学習参考書のコーナーに若者が群がっていて、中国もこれから発展するなと思いました。

増田

私も、２０２０年にホーチミンに行ったときに、書店街に行きました。東京の書店街・神保町よりもおしゃれな感じで、遊歩道の両側に、新刊書店はもちろん、古書店、児童書専門の本屋さん、移動図書館、カフェが併設されたお店などがずらっと並んでいました。

英語をはじめ、外国語の本を扱う書店も多く、もちろんマンガもありましたよ。ドラえもんやポケモンなど日本のキャラクターも大人気。おしゃれな文具が目に留まって、ベトナム料理が描かれたポストカードやノートなどをお土産に購入しました。

フランスの風情を感じる街並み

池上　ベトナムは19世紀後半からフランスの植民地だったので、街並みがおしゃれですよね。アジアのパリとも呼ばれていました。

増田　コロニアル様式と言われる建物ですね。ホーチミンの街を歩いていたら、レンガ造りの大きな教会があってびっくり。地図の英語表記を見たら「ノートルダム大聖堂」とあり、ここにもフランス統治下の名残があるんだと納得しました。日本語訳では「サイゴン大教会（聖母マリア教会）」で、前庭には大きなマリア像もあります。

池上　サイゴン中央郵便局もきれいですよね。ここは、パリのオルセー駅の駅舎、つまり現在のオルセー美術館の建物をモデルとしています。いまでも郵便局として市民が利用していますが、古い切手やお金、街の風景を描いたポストカードなどを販売していて、お土産を探すのにもいい場所です。

増田　私はここで、当時の街並みが描かれたポストカードと切手を買いましたが、お札とコインを集めている池上さんは、古いお札を買ったんではないですか？

池上　ばれちゃったかな（笑）。私自身のお土産の定番は、訪問した国の歴史が刻まれている古いお札と、ユニークなメッセージの図柄のTシャツ。ここではお札のほかに、胸にベトナム料理のフォーとアイフォンをもじった「iPhô」なんて描いてあるTシャツを買いました。

増田　街並みは美しいですが、バイクであふれていますね。歩道にまで乗り上げてくるので、慣れるまで大変でした。

池上　フランスの風情もかき消されてしまうほどですよね。余談ですが、ホーチミンで道路を渡るときバイクが止まるのを待っていると、いつまでも道を渡れないので、気合で一定のスピードで渡ってください。そうすると、バイクがよけてくれます（笑）。

タイよりも経済成長率が高い

増田　街のあちこちには、いかにも社会主義の政策を感じさせる看板もありますよね。ベトナムは、中国と同様に、政治は社会主義、経済は資本主義です。

池上　そうですね。これまで社会主義といえば、政府が経済をコントロールするのが通常のやり方でした。そのため、競争が生じにくく、経済が低迷してしまう。そこで、政治体制はそのままにして、法律に違反さえしなければお金もうけをしてもいいという資本主義のやり方を導入したわけです。

増田　グローバル化が進むなか、アメリカに代表される資本主義国とも対峙していく必要が出てきたのですね。

池上　ベトナムでは、1986年に、経済の自由化、ドイモイ（刷新）政策が始まり、市場経済を重視する方向に舵を取りました。

ベトナム共産党の言うことさえ聞いていたら、お金もうけしていいよ、ということですよね。中国の鄧小平が実施した「改革・開放政策」を参考にしたのです。

増田 ベトナムはASEAN（東南アジア諸国連合）10か国のひとつでもありますよね。

池上 1967年にASEANができたとき、東南アジア各国は北ベトナムの共産主義を恐れていました。ASEANの目的は、東南アジアの共産化を止めることだったんです。発足時の参加国はタイ、インドネシア、シンガポール、フィリピン、マレーシアの5か国でしたが、95年には、ベトナムが参加し、ラオス、ミャンマー、カンボジアも続きました。

2015年には、ASEAN経済共同体（AEC）が発足しました。これは、EU（欧州連合）の前身のEEC（欧州経済共同体）と同じく、ひとつの経済共同体、つまり単一の市場を作ろうというものです。具体的には、関税の撤廃や熟練労働者の移動の自由などですね。AEC発足後、ASEANは高い経済成長を誇っています。

ＡＳＥＡＮのなかでは、タイが最初に経済発展を遂げ、首都バンコクに関してはすっかり先進国の仲間入りをした感があります。ただ、コロナ禍は例外として、ここ数年の数字を見ると、タイの経済成長率は３～４パーセントだったのに対し、ベトナムは７パーセント前後で推移しています。

勤勉な国民性もあり、若い人たちも多いので、ものすごい勢いで成長しています。これからますます発展していく東南アジアの魅力を満喫できるのがベトナムだと思います。

増田

魅力といえば、私は刺繍のバッグとか、かわいい小物がこんなに安い値段で買える！　と大感激でした。

ホーチミンでは、ベンタン市場に行ったり、小売店の並ぶ通りをチェックしたりして、買い物を楽しみました。ベンタン市場には、２０００軒もの小売店があるので、見て回るだけでも楽しく過ごせます。たった一日でオーダーメイドのアオザイも日本円で１万円弱ぐらいで作ることもできました。
街歩きをしながら、フラッと立ち寄ったお店で素敵なものが見つかるのもホーチミンの魅力。お財布に優しい旅先で、衝動買いも楽しいもの。旅先としておすすめです！

中国人より多くのベトナム人が日本で働いている

増田 最後に、日本との関係にも触れておきましょう。最近、日本とベトナムの関係が深まっていますよね。厚生労働省によると、日本で働く海外の人は、ベトナム人が中国人を抜き、２０２０年に44万人と最多になりました。ＩＬＯ（国際労働機関）によると、海外で働くベトナム人が最も多い国も日本だそうです。

池上 日本国内でもコンビニや工事現場などでベトナム人を見かけることが多くなりました。東北地方の農村や漁師町でもベトナム人を見かけます。

増田 技能実習生として来日している外国人の数も、ベトナム人が最多です。

ただ、労働条件などが苛酷で、職場でのいじめもあるといいます。来日する前に聞いていた待遇と違ったという声も少なくありません。円安も手伝って、ベトナム人の間では、オーストラリアなど、ほかの国に関心が移りつつあるといいます。

池上　コロナ禍の影響もあったのでしょうが、日本でも人手が足りない状況が続いていますよね。パートタイマーの時給を上げても、人が集まらないという話も聞きます。もはや、労働力は外国人に頼らざるを得ない状況だともいえるでしょう。

第二次世界大戦後、日本は東南アジア諸国に対してODA（政府開発援助）により多額の支援を続けてきました。これは、太平洋戦争中、これらの国が戦場になってしまい、多くの犠牲者を出してしまったことに対する日本としての贖罪《しょくざい》の意味がありました。結果として、東南アジア諸国は親日になり、経済発展の先輩としての日本に憧れを持っています。日本で働いている海外の人たちの労働環境を整えることをはじめ、こうした思いを裏切らないようにしたいですね。

池上&増田流　ホーチミンの歩き方

1　軍事オタクにはたまらない!?
戦争証跡《しょうせき》博物館

1960年から75年まで、14年半にわたって続いたベトナム戦争。その間に使われた爆弾の量が、第二次世界大戦で使われた量を上回っていることをご存じでしょうか。激しい戦争の記録が、戦争証跡博物館に残されています。

ベトナム戦争は、北ベトナムと南ベトナムに分断されたなかで、アメリカが支援する南ベトナム政府に対し、国内の反政府勢力を北ベトナムが支援するという戦争でした。社会主義の北ベトナムは、南ベトナムはアメリカの傀儡《かいらい》国家であるから、南ベトナムを統合しようと戦っていたのです。最終的には、アメリカ国内で反戦運動が盛り上がったこともあり、アメリカはベトナムから撤退。

アメリカの支援を失った南ベトナム政府は、北ベトナムの攻撃に耐えきれずに崩壊し、北ベトナムが勝利をおさめ、南北を統一します。

博物館の屋外には、当時使われていた戦車や戦闘機も展示されています。アメリカ軍が撤退するときに放置していった武器ですが、私のような軍事オタクにはたまりません。

ベトナム戦争が終わった後、１９７９年に起きた中越戦争で、ベトナムが中国に攻め込まれたときは、ベトナム軍はアメリカ軍が残していった兵器を使って、中国を撥《は》ねのけました。

ところでベトナム戦争では、クリスマスと旧正月に一旦戦争をストップするという、不思議なことをやっていました。

ベトナムは、旧正月を祝うため、その時期に戦争を一旦ストップすることをアメリカ軍に提案。旧正月はベトナム語でテトと言うので、テト休戦と呼ばれます。一方アメリカ軍は、クリスマス休戦を提案しました。

博物館で、過酷なベトナム戦争の歴史を目の当たりにしてから、ホーチミン

の街のにぎわいのなかに身を置くと、よくぞここまで発展したなあと感慨深いです。（池上）

池上さんのような軍事オタクとは程遠い私ですが、この博物館を訪ねて本当によかったと思いました。それは、ベトナム戦争の従軍記者たちの活動を知ることができたから。なかでも、ピューリッツァー賞を受賞した沢田教一氏の「安全への逃避」、AP通信の報道写真家ニック・ウット氏の「ナパーム弾の少女」。この2枚の写真は、誰もが教科書や資料集で一度は目にしたことがあるのではないかと思います。必死に逃げる母子や全裸で逃げまどう子どもの姿は、戦争の悲惨さを伝えるにはあまりあります。

米軍が散布した枯葉剤についても、目を覆いたくなるほどの被害の実態が展示されています。いまから40年ほど前、結合双生児として生まれたベトちゃん・ドクちゃんのニュースは、当時高校生だった私にとって、あまりの衝撃で言葉を失いました。その後、日本赤十字社の医師も参加して、ふたりの分離手術は成功しますが、親子二代三代にわたって後遺症に苦しむ人々がいまなお存在するといいます。展示を見るのはちょっとしんどいかもしれませんが、楽しい旅の合間に、少しだけ戦争と平和について考えるのも、素敵な時間の過ごし方ではないでしょうか。（増田）

2　大柄なアメリカ人は入れなかった⁉　クチ・トンネル

ホーチミンから北西70キロほどのところにある町、クチ。もともとは小さな田舎町でしたが、ベトナム戦争で地下トンネルが造られ、世界的に知られるようになりました。

空爆と枯葉剤の散布で攻撃するアメリカ軍に対し、北ベトナムの支援を受けていた南ベトナムの民族解放戦線は地下に潜ってゲリラ戦を展開。クチ郊外に造られた手掘りの地下トンネルは、総距離約２５０キロメートルもあったそうで、そのトンネルが一部残っています。

クチトンネルの中は、小柄な日本人でもかがんで歩くぐらいの高さ。

ベトナム人は小柄な人が多いので、トンネルに出入りできるのですが、大柄なアメリカ人は体がつっかえます。そこで、アメリカ軍は、中南米出身の小柄な兵士を連れてきて、彼らをトンネルに入れ攻撃させた、と池上さんが教えてくれました。

いまは観光地になっているので、私も、トンネルに入ってみました(写真)。入るのは簡単だったのですが、トンネルから出るには、自分の腕で体を持ちあげなくてはなりません。「ここから出られる

の？」」と一瞬不安になったのですが、なんとか出ることができました。（増田）

3　これぞアジアの風景！　メコンデルタ

ホーチミンから郊外のツアーに参加するのだったら、メコンデルタがおすすめです。メコン川は、東南アジア最大の大河。9つの支流に分かれるメコンデルタは、水と緑豊かなベトナムの穀倉地帯として知られ、メコン川クルーズを楽しめます。

このあたりは、湿気が多く暑いのも含め（笑）、これがアジアだなあという風景が広がっています。ヤシの果汁をストローですすりながら、ゆったりと船の旅を楽しむのもオツなもの。行く先々に昔の文化が残っていて、ござのような敷物など生活に必要なものを手作りしていたり、ヤシの果汁と麦芽を一緒に煮詰めて作る「ココナツキャンディー」の実演販売などもしたりしていました。ココナツキャンディーは、やさしい甘みがあって、キャラメルに似た素朴なお

メコンデルタでは、水上マーケットも楽しめる。

菓子です。また水田では、トラクターではなく、水牛を使って耕していました。こうした生活様式が、観光資源にもなっているわけですよね。

私は、ホテルで車をチャーターして行ったのですが、旧正月で大渋滞。帰りはバイクに乗ることとなりました。ヘルメットを渡され、ええ!?と思いつつも、しかたなくバイクの後ろに乗りました。ところが、街中の道路や歩道脇を風を切って走っていくことのなんと爽快なこと！　食用の鶏やネズミなどが籠に入って売られているのを横目で見ながら、メコン川にかかる大橋を渡って、ホーチミン市内に戻りました。無事に戻れたから言えることでもありますが、サイコーに楽しかった思い出です。（増田）

暑い日は、甘いベトナムコーヒーを

ベトナムは、コーヒーの生産量が、じつはブラジルについで世界2位。いわゆる一般的なコーヒーもあるのですが、ベトナムコーヒーが有名です。アイスコーヒーにたっぷりの練乳が入っていて、頭が痛くなるほど甘く、はじめて飲んだときは驚きましたが、だんだんクセになります（笑）。暑いベトナムで汗だくになって、日陰でベトナムコーヒーを飲むのもおすすめです。（池上）

またフランスの植民地だったので、バゲットをはじめ、フランス料理がおいしいです。バゲットのアジア風のサンドイッチ、バインミーは、日本でも食べられるところが増えてきましたが、現地でも、とてもおいしかったです。

露店がたくさんあって、バケツでばしゃばしゃとお皿を洗っているようなところは、私は挑戦できなかったのですが、こじゃれたお店も多く、物価も安いので、フランス料理のフルコースを楽しむのもいいかもしれません。（増田）

第2章

日本人が出稼ぎにいく!?
多民族の都市国家シンガポール

Republic of Singapore
シンガポール共和国

人口

約570万人

民族

中華系(76%)マレー系(15%)
インド系(7.5%)

言語

英語、中国語、マレー語、タミール語

宗教

仏教、イスラム教、キリスト教、
ヒンドゥー教ほか

世界中からシンガポールに働きにくる

増田　私の大学時代、いまからもう40年近く前の話になりますが、シンガポールといえば、香港と並んでブランド品のショッピングを楽しむ国だったという印象があります。日本で買うより品揃えもよく、安く買えるというイメージです。シャネルの化粧品やルイ・ヴィトンのバッグなど、流行りのものや、日本では売っていない製品をゲットするのが旅行の楽しみのひとつだった時代です。

池上　まさに昭和末期、バブル時代の話ですよね。日本も海外旅行に出かける人が増えた時期だけど、治安がよくて、時差も１時間、飛行機で７時間程度で行けるとあって、特に女性に大人気でした。

増田　最近では、日本人の移住や出稼ぎ先として、脚光を浴びています。

池上　そうなんですよ。ＩＴや金融の分野をはじめ、日本だけでなく、世界中から人が集まっています。技能があれば、比較的簡単にビザがおり、給料も日本よりいい。能力に応じて給料が支払われるので、大学を卒業したばかりでも、年収が数千万円になることもあるそうです。
投資家・村上世彰《よしあき》さんもシンガポールに移住しましたし、オリエンタルラジオの中田敦彦さんも移住しましたよね。所得税がとても安いそうで、シンガポールに移住した日本人が多く住んでいるマンションもあるそうです。ちなみに日本に住んでいないので、日本で納税する必要はありません。

増田 「NIKKEI Asia」の記事（2022年8月29日）によると、シンガポールの人口570万人に対して、海外から働きにきている人は、2021年の時点で、147万人。そのうち、22パーセントが、会社の役員から中堅社員までにあたる人たちだそうです。

池上 2023年1月には、これまでよりも柔軟に働くことのできる5年間有効のビザが導入されました。このビザであれば、複数の会社で働くことも可能とのこと。シンガポールは、これまでも、海外の人材を活用して経済を成長させてきましたが、今後も、世界から優秀な人たちに来てもらおうと考えていることがわかります。

増田　シンガポールを拠点に、近隣のマレーシアやインドネシアでビジネスを展開している人たちも多いみたいですね。マレーシアやインドネシアは、いまちょうど経済が成長しているところですから、ビジネスチャンスがたくさんあります。

池上　技能がある日本人が、ますます海外に目を向けるようになってしまうと、日本国内の経済の停滞が心配ですね。

東京23区ぐらいの大きさ

池上　シンガポールがなぜここまで人材を重視するかというと、土地も資源もなく、これまでも海外の人材を活用して経済を成長させてきたからですよね。シンガポールは、ちょうど東京23区と同じぐらいの大きさなんです。国全体がひとつの都市とされている都市国家なので、首都はありません。

ただ、水はマレー半島から引いています。もしマレーシアと対立して水が断たれると、シンガポールは生きていけなくなります。だから独立した水源を確保しようと日本の東レなどの技術を使って、海水を淡水化しています。ただ淡水化しすぎたほんとうの純水は、まずくてかえって飲めないんです。

増田 ミネラルが入っていないと、飲めないということですか?

池上 そう、シンガポールでは、too clean to drink と言われているそうです。だから工業用水として使われています。じつは、ドバイの水道水もそうで、海水を純化したものに成分を足して、飲めるようにしているんです。

シンガポールのことをよく英語で Fine Country と言うのですが、2つの意味を掛けたダブルミーニングです。形容詞の fine の意味は「よい」、だからいい国、名詞の fine の意味は「罰金」、だから罰金の国。さまざまなことで罰金を取られます。

たとえば、昔はガムを捨てると罰金だったのが、いまではガムの販売も、国外からのガムの持ち込みも禁止され、違反すれば罰金です。公共トイレで水を流さないで出てくるのも罰金の対象だそうです。誰がチェックするんだという話なんですが（笑）。

罰金の額も安くありません。最大1万シンガポール・ドル、日本円に換算すると、100万円を超えます。禁固刑を科されることもあるそうです。みなさんも、シンガポールに行ったときには、気をつけてくださいね（笑）。

池上＆増田流　シンガポールの歩き方

1　意外とがっかりしない⁉
シンガポールの象徴・マーライオン

シンガポールのシンボルとして有名なマーライオン。世界三大がっかりのひとつとも言われていますが、私はそこまでがっかりしませんでした。期待しないで行ったせいかもしれませんが、ちょっとした感激を覚えました（笑）。マーライオンは、1972年に、現代のシンガポールを作ったと言われる当時の首相リー・クアンユーの提案で造られました。上半身がライオン、下半身が魚の姿をしています。もともとこの地はサンスクリット語で「ライオンの町」を意味する「シンガ（ライオン）プーラ（町）」という名前でした。でも、そのままだとイギリス人が発音しにくかったので、英語流の「シンガポール」という名前に変えたのです。魚は、港町シンガポールを象徴していると言われています。ちなみに、サンスクリット語は古代インドで宗教や文学などに使われていた言葉で、仏教やヒンドゥー教にともなってアジア諸国に伝わっていきました。じつは、日本の五十音順もサンスクリット語をもととして作られたものなんですよ。

このマーライオン、国内に複数存在することを知っていますか。高さ約8メートルの本家マーライオンの背後には、ミニマーライオンも立っています。また、政府の観光政策で開発されたセントーサ島にある巨大なマーライオンは、高さが37メートルもあります。セントーサ島にはユニバーサル・スタジオなどもあり、２０１８年にトランプ前大統領と北朝鮮の金正恩《キムジョンウン》総書記が会談した島としても知られています。（増田）

２　多民族国家シンガポールを体感！

リトル・インディア＆アラブ・ストリート

シンガポールでは、中国人、マレー人、インド人など、民族も宗教も違う人たちが平和に暮らしています。

なぜシンガポールは多民族国家なのでしょうか。そもそもシンガポールは、19世紀のはじめにイギリスの東インド会社の拠点となり、植民地として発展した地域です。東西貿易の中継地として栄えると、インド南部のタミール人が働き口を求めて移住してきました。中国やインドネシアからも貿易にかかわる仕事に就こうと、大勢の人々が移住してきたのです。

イギリスは、宗教や文化的背景が違う移民たちが衝突を起こさないように、それぞれの居住区を分ける政策をとりました。それが、リトル・インディアやアラブ・ストリート。ここに行くと、そんな多民族国家シンガポールを体感できます。

リトル・インディアには、チャイナタウン近くにある屋台村・ホーカーズで食事をしたあと、電車で移動しました。リトル・インディア駅を降りると、スパイスの香りがしてきます。通りの小売店には、お供え用のカラフルな花や、頭部がゾウの形をしたガネーシャ像（インドでは商売の神様）の置物、サリーなどの民族衣装が並んでいて、目にも鮮やか。この地域だけがインド風の極彩色で彩られているんですね。

目指すは、駅から徒歩5分ほどの場所にある、シンガポール最古のヒンドゥー教寺院、スリ・ヴィーラマカリアマン寺院。背景がコンクリートのビルなのが何ともシンガポールらしいのですが、正面の門を見上げると、ヒンドゥー教の神々や戦士の像で埋め尽くされていて、まさに圧巻です。

アラブ・ストリートには、リトル・インディアから地図を見ながら徒歩で移

スリ・ヴィーラマカリアマン寺院は、リトル・インディアの中心部にあり、独特の雰囲気を漂わせている。

動しました。途中には、キリスト教の教会があったり、イスラム教系の学校があったりと、異国情緒にあふれています。

小一時間かけて、アラブ・ストリートに到着。ここは、19世紀ごろに、アラブの商人らが、香料やコーヒー豆などを持ってきて、商業の街として栄えました。いまではインド系やマレー系が多く住み、シンガポール最古にして最大のサルタン・モスクもここにあります。

イスラム教では、聖地メッカの方角に向かって、一日5回（3回の宗派も）のお祈りをします。世界各地のお祈りの時刻を示す時計が、大きなデジタル式のものであったことに、現在という時代を感じました。アラブ・ストリート周辺には、こじゃれたカフェも多くあります。蒸し暑い中を歩いてきたので、カフェで飲んだトロピカルドリンクが体にしみわたりました。（増田）

３　トランプ前大統領の友人が建てた⁉　マリーナベイ・サンズ

世界一高いと言われる屋上プールで有名なマリーナベイ・サンズ。その写真を見たことがある方も多いのではないでしょうか。シンガポールのシンボルとも言われる建物で、トランプ前大統領の友人が運営しています。「ニューヨーク・タイムズ」によると、この友人は、２０１７年のトランプ前大統領の就任式では式典費用として５００万ドル（1ドル１４０円換算で7億円）を寄付したそうです。

ホテルの上には屋上プール、下にはショッピングモールやミュージアムがあります。このホテルは、超高級ホテルというわけではありません。多くのお客さんが泊まれるようになっているので、高級な部屋もあるけれど、そんなに高くない部屋もあります。宿泊客であれば、屋上のプールに入れますよ。（池上）

前述の池上さんのアドバイスを受けて、私はマリーナベイ・サンズに宿泊しました！　ツアー客も多くて、リーズナブルな価格でも宿泊可能です。最上階のプールも冷やかしで見に行きました（笑）。ビルの外壁に水が流れ出るように見えるプールは、見ているだけでも涼やかです。

じつは、カジノ好きの池上さん。以前、テレビの取材でシンガポールを訪れたときには、カジノの取材もしたそうですよ。その当時、日本にもカジノを誘致するかどうか、ということが問題になっていました。シンガポールのカジノは、海外からの観光客であれば、パスポートを見せれば安価な入場料で利用できます。しかし、シンガポール国民は、高額な入場料を支払わないと入れないシステムです。これは、国民がギャンブル依存症にならないための方策で、日本も誘致の参考にしようとしていましたが、コロナ禍もあって誘致自体が頓挫《とんざ》したような恰好です。（増田）

４　１００種類以上の動物に会える！
ナイト・サファリ

ちょっと中心地から離れますが、動物園好きの私としては行かずにはいられなかったのが、ナイト・サファリ（笑）。シンガポールでサファリというと意外に聞こえるかもしれませんが、熱帯ということもあり、１００種類以上の動物がいます。日本からの修学旅行生も来ていましたよ。

野生動物は、基本的には夜行性。まずは「クリーチャーズ・オブ・ザ・ナイトショー」を観覧しました。人間によるファイヤーダンスも圧巻でしたが、なんとカワウソがゴミの分別をする姿にビックリ！　カワウソは、その賢さや愛らしいしぐさが魅力で、ペットとして飼育する人もいるそうですが、野生動物に変わりはないので、動物との共生という点でも考えさせられました。

ナイト・サファリは、ガイド付きで歩きながらじっくり見る方法もありますが、時間がなかったので、トラムに乗って園内を一周しました。英語の音声ガイドに耳を傾けながら、暗闇に光る眼を頼りに動物の姿を探します。柵などはなく、地形や水辺の作り方に工夫をする形で安全を確保しています。そのため、タイミング次第で動物たちの姿を間近に楽しむことができます。ライオンやゾウなどはもとより、キリンの姿を見つけたときには大感激でした。というのも、幼稚園の遠足で出かけた上野動物園で、生まれてはじめて見たキリンの姿に一目ぼれ！　以来、動物園に行くと、必ずキリンを探してしまいます。幼いころの体験って大事ですよね。夢は、ケニアに行って、キリンが現れるホテルに宿泊することです。（増田）

政府公認の屋台でローカルフードを楽しむ

シンガポールといえば、ホーカーズ。昔は路上で販売していた屋台を衛生上の理由から何か所かに集めた、政府公認の屋台村です。中国料理、インド料理、マレー料理などさまざまなローカルフードが楽しめます。

フードコートのようになっていて、屋台がずらっと並んでいるので、好きなものを買ってきて、真ん中のテーブルで食べます。

お店のメニューの下に、Please Q Here とあり、みんな列を作って並んでいる。

私は、屋台で食べる自信がなかったのですが、シンガポールに行く前に池上さんに聞いたら、ホーカーズのことを教えてくれました。衛生面がしっかり管理されているので、お腹を壊す心配がありません！

写真にも写っているように、お店のメニューの下にPlease Q Hereと書いてあります。ここに並んでくださいという意味です。イギリス英語では列はqueue、それをアルファベット1文字に置き換えてQとしゃれて略しています。列はアメリカ英語では line ですから、イギリス英語の影響ですね。中国はあまり並ぶ文化がないのですが、シンガポールの中華系の人たちは列を作って並んでいました。

お店の右側にAと書いてあるのは、保健所のお墨付きで、衛生状態がいいことを示しています。私はここで、タイ料理のパッタイのような焼きそばを食べました。屋台村で食事、というシンガポールならではの雰囲気も手伝って、おいしさもひとしおでした。（増田）

日本統治時代とアフタヌーン・ティー

増田さんがシンガポールに行くと聞いたとき、必ず見てきてほしいとお願いしたのが、戦争記念公園にある「日本占領時期死難人民記念碑」です。数は定かではありませんが、第二次世界大戦下、日本がシンガポールを占領してから10日間にわたって、数万人の華人（中国系の現地住民）を虐殺したのです。二度とこのようなことを起こさないように、犠牲になった人たちの霊をなぐさめるために、１９６７年に慰霊塔が建てられました。高さ68メートルの塔は、中国人、マレー人、インド人、ユーラシア大陸の人を意味する４本の柱からなっています。

公園の近くにあるラッフルズホテルに立ち寄ると、アフタヌーン・ティーを楽しみに来ていた日本人観光客でいっぱいでした。私も並んで順番待ちをしてお茶をしたのですが、こうした歴史を思うと複雑な気持ちでもあり、楽しく過ごせる平和なひとときをより一層愛おしく思った瞬間でもありました。（池上）

コラム　アジアを中心に広まった仏教

東南アジアの仏教国に行くと街角や電車やバスでよく僧侶を見かけます。オレンジ色の袈裟《けさ》を着ているのですぐ気がつきます。タイ、カンボジア、ラオス、ミャンマーでは、国民の9割近くが仏教を信仰しており、僧侶に対する敬意が感じられます。

またこれらの国では男性は一生のうち一度は仏門に入る習わしがあり、それが一人前の社会人になる通過儀礼とも考えられています。

このように人々の暮らしに定着していった仏教はどのような宗教なのでしょうか。

仏教は古代インドで生まれた

ブッダは、イエスが生まれるずっと前、紀元前5世紀ごろに、今のネパールである古代インドに生まれました。裕福に暮らしていたゴータマ・シッダルタはあるとき王宮の外に出て、人々の生老病死を目の当たりにし、29歳のとき出家して修行に入ります。

苦しい修行のあと、菩提樹《ぼだいじゅ》の下で座禅を組んで瞑想《めいそう》にふけっていたときに悟りを開いたとされます。ここから、悟りを開いて煩悩や苦しみから逃れようと考える仏教がアジア各地に広まっていきます。

ゴーダマ・シッダルタは「ブッダ（真理に目覚めた人）」と呼ばれるようになりました。この教えが中国に伝わる際、ブッダを中国語で仏陀と表記。その結果、ブッダの教えは仏教と表記されるようになります。

2つに分かれた仏教

ブッダが亡くなったあと、仏教は大きく2つに分かれます。

お釈迦様の教えを広く大衆に広めることを目指す大乗《だいじょう》仏教と、戒律を厳格に守る上座部《じょうざぶ》仏教です。上座部仏教は、出家して修行を積むことでしか悟りに達することができないと言われています。

タイをはじめ東南アジアは基本的に上座部仏教で、いわば伝統にのっとったグループです。一方、中国を経由して朝鮮半島や日本に伝わった大乗仏教では、「上座部仏教の人たちとは違って、私たちはすべての人たちを助ける大きな乗り物である」と言って、出家しなくても、信心していれば、浄土に行けると考えられています。

ちなみにベトナムは、中国の影響が強いので、大乗仏教の国です。ただ、社会主義政権が続いているので、タイなどと比べると、仏教はあまり推奨されていませんが、庶民の間にはお坊さんに対する尊敬があります。(池上)

中国では、ここも見る！
第2のシリコンバレーと中国共産党が生まれた地

中国は、2010年に日本を抜き、世界第2位の経済大国になりました。その中国の経済成長を象徴している都市のひとつが深圳《しんせん》です。

私は経済特区に指定された直後の深圳に行ったことがあります。駅前にはなにもなくて、若い人たちがなにをするでもなく、駅で乗り降りする我々をただぼーっと見ているだけでした。

現在は、ハイテク都市となり、香港を上回ったとも言われ、キャッシュレスや無人コンビニなど、日本よりもデジタル化が進んでいます。また中国のシリコンバレーとも呼ばれ、若者が次々と起業しています。

街を走っている車やバスは、ほとんどが電気自動車で、深圳の大気汚染は劇的に改善されました。なぜここまで電気自動車が広まったかというと、発想が違って、日本だとバッテリーの充電に30分かかって大変だよねと言っているものが、深圳では30秒ほどで終わります。どうしてだと思いますか？

中国では、バッテリーを充電するのではなく、交換するからです。マイカーのバッテリーを誰が使ったかわからないものと入れ換えるという発想が日本にはないと思うのですが、中国はそれをやってしまう、やれるわけです。

深圳は、中国ではじめての経済特区でした。毛沢東が死去したあと、鄧小平が経済復興を第一に考えて始めたのが経済特区です。要するに、まずはこの地域で資本主義をやってみようと試してみたということですよね。そして経済特区が成功したので、それを全国に広げたのです。

中国は、ベトナムと同じく、政治は社会主義、経済は資本主義です。中国の人が日本企業に就職すると、日本企業は社会主義的だからいやだといって転職することがあると聞きました。中国の企業は、欧米と同じく、年齢ではなく、能力に応じて給料が支払われるからです。

中国共産党曰く、共産主義は、みんなが平等に豊かになることを目指しているから、資本主義で豊かになったあと、平等な社会にするんだとのことですが、ちょっと苦しい説明かなという気はします。

ちなみに、中国共産党は、世界最大の政党で、党員は9500万人。ドイツの人口より多いのです。共産党のトップは、言わずもがな、総書記の習近平《シーチンピン》氏で、国家のトップである国家主席も兼ねています。「2期10年まで」とされていた国家主席の任期を撤廃し、異例の3期目に入りましたね。

その中国共産党の第1回の大会が開かれた場所が上海にあります。100年ほど前、毛沢東も参加し、十数人ほどで第1回の大会がこっそりと開かれたという民家が現在は記念館になっています。

ちなみに旧ソ連が世界各国を共産主義にしようとして作った組織がコミンテルン（世界共産党）で、最初に作られたのが中国支部で、いまの中国共産党、2番目に作られたのが日本で、いまの日本共産党です。

現在は、記念館の周辺は、フランス租界（外国人居留地）時代の建物を

復元した「新天地」と呼ばれるおしゃれな地区となっていて、地元の人たちや観光客で賑わっています。（池上）

第3章

直行便の就航で近くなる?・3つの宗教の聖地があるイスラエル

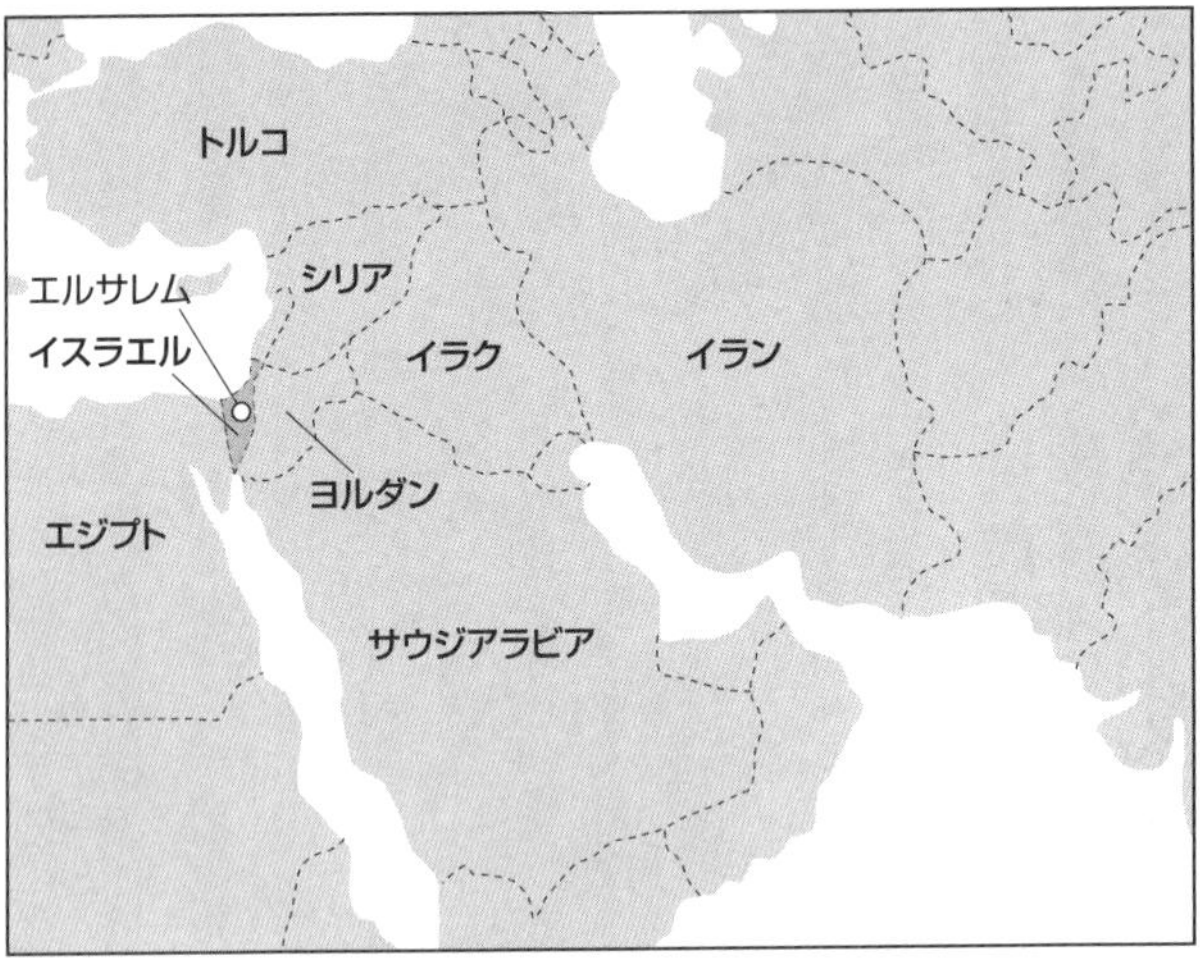

State of Israel

イスラエル国

人口

約950万人

首都

エルサレム

＊国際社会の大多数には認められていない

民族

ユダヤ人(74%)アラブ人(21%)ほか

言語

ヘブライ語(公用語)アラビア語

宗教

ユダヤ教(74%)イスラム教(18%)
キリスト教(2%)ほか

イスラエルとビジネスの交流が盛んになってきた

池上　この章では、私が最も関心がある地域のひとつ、中東の国イスラエルを紹介しましょう。コロナ禍で延期されていましたが、2023年3月からイスラエルへの直行便が就航します。直行便ができると便利になりますよね。

増田　直行便ができるのは、イスラエルとの間でビジネスを通じての交流が盛んになっているからですよね。イスラエルが得意とするセキュリティ関係や農業技術の分野、スタートアップ企業などへの視察も盛んです。

池上　イスラエルの航空会社、エル・アル航空ならではの話題もありますよね。たとえば搭乗ゲート。ニューヨークの空港でも、エル・アル航空のゲートはほかの航空会社のゲートとは離れたところにあります。

増田　ほかの空港でも、イスラエル行きのゲートは固定されていますよね。私がフランクフルト空港で乗り継いだときも、かなり離れた場所にゲートがありました。

池上　なぜかというと、イスラエルは、テロの対象になる可能性があるというので、警備がしやすいように、離れたところにあるんですよね。

増田　航空機に乗り込む直前の搭乗ゲートでも、荷物チェックがありますしね。

池上　イスラエルから香港経由で帰国したとき、香港で降りたら、そのゲートだけ自動小銃を持った警官がいて驚きました。

　ほかにも、エル・アル航空ならではのセキュリティ対策があると言われています。貨物室は耐爆構造、機内には銃を所持した武装警官が搭乗、パイロットは全員イスラエル空軍出身。コックピットは二重扉で、2つめのドアを開けることができるのは機長と副操縦士だけなど、通常では考えられないほどの対策がとられています。また、エル・アル航空は、ミサイルを熱で感知して回避するシステムを導入しています。

増田　飛行機の乗り心地はほかの航空会社と変わらないですけどね。

池上　そう、機内は変わりませんね。

増田　そうは言っても、いまの話ぶりを聞くに、池上さんはわくわくしながら搭乗していたんでしょうね（笑）。

池上　私がはじめてイスラエルに行ったのは、2007年の夏。そのころは、日本とイスラエルの間を直行便で行き来できる日が来るなんて思ってもみませんでした。日本からの渡航に関しても、外務省から注意喚起が出されていましたし、イスラエルに行くと言ったら「そんな危ないところになぜ行くのか」「テロに巻き込まれたらどうする」と友人知人たちにことごとく反対されました。でも、池上さんに「いまなら大丈夫だから」と背中を押してもらったので、思い切って取材に出ることにしました。ちょうどあのころは、テロが起きていない時期で、国際情勢からみても現地は落ち着いていたから、問題ないと考えたわけです。行ってよかったでしょう？

増田　もちろん！　私にとって、人生観が変わる旅になりました。

近代的なテルアビブ、3つの宗教の聖地エルサレム

増田 イスラエルというと、テロのイメージしかなかった私ですが、聞くと見るとは大違い。空港のあるテルアビブは、地中海に面したリゾート地。近代的なビルが立ち並び、経済の中心地でもあります。大都会で、考え方もリベラルな若者が多い街です。

そしてなんといっても、イスラエルといえば、ユダヤ教、キリスト教、イスラム教、という3つの宗教の聖地があるエルサレムですね。

池上 3つの聖地は、エルサレムの旧市街に集まっています。だいたい面積は1キロメートル四方。東京ディズニーランドと同じくらいの広さなんですよね。城壁に囲まれていて、門が8か所あります（ひとつは閉鎖中）。

増田 私がはじめて旧市街に足を踏み入れたのは、夕方でした。宗教対立から戦争の火種にもなっている場所、という先入観があり、どんなに怖いところなんだろうと勝手に想像していたので、ドキドキしながら門をくぐりました。私が入った門はダビデの塔の近くにあるヤッフォ門。キリス

ト教地区につながる場所でした。

池上　想像していたのとは違って、普通の町なんですよね。当たり前のことですが、この地区にも住民がいて、普通に生活をしているんですから。

私が印象的だったのは、ユダヤ教徒の地区は、こざっぱりというか、掃除が行き届いていて、きれいだったこと。そこからイスラム教徒の地区に入ると、ガラッと雰囲気が変わるんですよね。

増田　おっしゃる通りです。イスラム教徒の地区は、小売店が立ち並んでいて、スパイスをはじめさまざまな生活用品や土産物などが売られていました。ここがエルサレム？　と思うぐらい、にぎやかなアラブ世界の雰囲気が漂っていました。

池上　それぞれの地区の境には、プレートなどで案内はありますが、特別な門などで仕切られているわけではありません。イスラム教徒の地区からキリスト教徒の地区につながる道は、イエスがはりつけの刑（磔刑《たっけい》）に処せられる前に、自ら十字架を背負って歩いたとされる道でもあります。

どの地区の建物も、石造りの古いものですが、キリスト教地区は、住宅や店舗もある、ごく普通の街並みです。土産物店では、ロザリオ（十字架）や聖像など、キリスト教にゆかりのあるものを売っていました。

死海が消えてしまう⁉

増田 旧市街の雰囲気からは、またがらりと変わりますが、イスラエルといえば、死海を思い浮かべる方も多いかもしれません。私の死海体験は、現地で購入した子ども用の水着を着て泳いだことです。私の太ももの真ん中あたりまでしかない、浅い場所であおむけになって浮いただけなんですけれどね（笑）。

池上 よくひっくり返らなかったね。死海の塩分は30パーセントもあって、浮力が強い。ふつう、海水の塩分濃度は3パーセントぐらい。濃度が高すぎて魚が生息できないから「死海」と呼ばれています。

増田 死海周辺はリゾート地で、豊富なミネラルを含んだ死海の水で作った美容製品もたくさん売っていました。お土産としても人気です。そんな死海も、最近は水面が低下していて、そのうち完全に干上がってしまうのではないかと心配されています。

池上　死海の標高は、ゼロメートルより低く、マイナス400メートルほどなんですよね。そこにヨルダン川の水が流れ込んでいるのですが、イスラエルやヨルダンが、川の水を農業用水として取りすぎてしまい、死海の水が減ってしまっています。温暖化による降水量の減少も原因だと言われていますよね。

安息日のイスラエルを体験する

池上　イスラエルならではというと、安息日（シャバット）を体験することも、そのひとつですね。ユダヤ教では、生活上の規範が非常に細かくトゥーラー（律法）で決められています。トゥーラーは、ユダヤ教の聖典『旧約聖書』（キリスト教の聖典ともされている）の最初の5つの書を指します。安息日は、金曜日の日没から土曜日の日没まで、その間は一切働いてはいけないんですよね。

ユダヤ人が経営する店は、レストランもすべて閉まります。空港など公共の機関は、その日はイスラエル国籍のアラブ人が仕事をしています。イスラエルが建国されたとき、その場に留まり、イスラエル国籍を取得したアラブ人もいるのです。

シャバット・エレベーターというのもあります。『旧約聖書』には、「安息日には、あなたたちの住まいのどこでも火をたいてはならない」と記されているので、火を使うことはできません。現代では自分で電気をつけたり消したりしてもいけないという解釈になっています。そうするとエレベーターを使うとき、行先階のボタンも押せません。増田さんも、イスラエル滞在中に安息日が重なったことがあるでしょう?

増田 はい。安息日は、エレベーターが全自動に切り替わって、すべての階にとまる仕組みになっているんですよね。それが、シャバット・エレベーターです。

池上　車も運転するとエンジンで火を使いますから、運転できません。バスなどの運転手もアラブ人に交代します。安息日にホテルに泊まっていたら、金曜日の夜からフロントが全員アラブ人に交代していました。安息日は、家族と過ごしたり、『聖書（旧約聖書）』を読んで過ごしたりします。金曜日の日没を迎えると、街はシーンと静まりかえります。

増田　安息日は料理も作れないので、その前に作り置きをします。金曜日の昼間にテルアビブ市内の市場に行くと、大勢の人が買い物に来ていて活気にあふれていました。野菜やフルーツ、魚、パン、お菓子などなど、新鮮でおいしそうなものがいっぱい！

池上　イスラエルは、砂漠に位置する乾燥地帯にもかかわらず、食料自給率が90パーセントを超える農業先進国なんです。「アグリテック」とも言われますが、灌漑《かんがい》設備を整えるためのハイテク技術を開発し、その技術も輸出していますからね。

増田 他国に頼らずとも食料を自国内でまかなうことができる。これは、国の独立を守るという意味でも、重要な危機管理のポイントになりますよね。

不自由なこともあるかもしれませんが、安息日を狙ってイスラエルに行くというのも面白いと思います。

小銃を下げた若い女性たち

増田 国の独立を守るということで言うと、イスラエルは、女性にも軍役がありますよね。旧市街を歩いていたら、軍服に小銃を下げた若い女性たちが、ポテトチップスを手に笑顔で歩いていた姿が、いまも胸に残っています。当時はまだ高校の教壇に立っていたので、教え子たちとほぼ同世代の女性たちが、有事になれば戦地に向かうことになるという現実に、何とも言えない気持ちになったことを覚えています。

池上 金曜日の夕方になると、兵役中の兵士たちは路線バスに乗って帰宅します。バスの中は兵士だらけ。いつでも戦闘に参加できるように、兵士たちは銃を持ったままです。かつてはイスラム過激派が、こうしたバスを狙って、体に爆弾をつけてバスに乗り、自爆テロを起こしていました。私がはじめてイスラエルに行った２００５年ごろは、「金曜日の夕方の路線バスには近づくな」と言われました。いまは、そんなテロもなくなりましたが。

ただ、カバンなどを放置すると、イスラエルの人が「爆弾ではないか」と警察に通報し、周囲の交通がストップすることがしばしばあります。イスラエルでは特に、カバンの置きっぱなしや置き忘れに注意してくださいね。

兵士の話が出ましたので、ここで簡単にイスラエルの歴史をおさらいしておきましょう。

イスラエルは、第二次世界大戦後に建国されました。国連で、それまでイギリスが統治していたパレスチナを、アラブとユダヤの２つの国に分割すると決めたわけです。そのとき、３つの宗教の聖地があるエルサレムは、どこの国のものでもなく、国連管理下に置かれることが決まりました。

現在は、1967年の第三次中東戦争の結果、イスラエルがエルサレムを占領していますが、国連は認めていません。エルサレムは、11世紀末に始まった十字軍の遠征から、現在のイスラエルとパレスチナの対立まで、長きにわたり紛争の火種となってきたんですよね。宗教の違いで対立しているように見えますが、そもそもは土地の争いですね。

増田 国際社会は、エルサレムを首都と認めていないので、日本をはじめ各国の大使館はテルアビブにあります。でも、アメリカだけは、トランプさんが大統領だったときに、エルサレムをイスラエルの首都と認めると言って、アメリカ大使館をエルサレムに移してしまいました。

池上 共和党のトランプ前大統領から民主党のバイデン大統領に政権が代わっても、民主党もイスラエル寄りなので、いまもアメリカ大使館はエルサレムのままです。

なぜ共和党も民主党もイスラエル寄りなのかというと、ユダヤ人の人口はアメリカ全体の2〜3パーセントですが、投票率が高く、政治資金の提供もあるからです。また、「ニューヨーク・タイムズ」など主要なメディアにもユダヤ系の人たちが多いなど、アメリカの世論形成にも影響力を持っていると言われています。

増田　ユダヤ人は、イスラエルが建国される以前は、世界中に離散して暮らしていました。第二次世界大戦時のナチスドイツによるホロコーストなどの苦難を経て、ようやくユダヤ教でいう「約束の地」にイスラエルが建国されたわけです。しかし、イスラエル建国にあたり、当時そこに住んでいたパレスチナ地方のアラブ人（パレスチナ人）が当然のことながら、反発。中東戦争が起こったわけですよね。

難民キャンプで人生のほとんどを過ごす人たち

池上　中東戦争の結果、イスラエルが勝利し、パレスチナの人たちが故郷を追われることになりました。パレスチナ難民の大量発生です。現在、イスラエルの中に位置するヨルダン川西岸地区とガザ地区には、パレスチナ自治区が作られていてパレスチナ人の自治権が認められていますが、住民たちはこの自治区から外へ、つまりイスラエル側へ自由に出入りすることは許されていません。

さらに自治区内に点在するパレスチナ難民キャンプで暮らす人たちは、ほとんどキャンプから外に出ることなく一生を過ごすしかない状況が続いていています。増田さんは難民キャンプにも取材に行っているんですよね。

増田 はい、私が２０１９年に訪れた難民キャンプには、第一次中東戦争のときにテルアビブから逃げてきたという方たちがいました。第一次中東戦争は、１９４８年にイスラエルの建国が宣言された翌日に起こっています。そうするともう70年以上、人生のほとんどを難民キャンプで過ごしていることになるんですよね。難民キャンプで生まれ育った人たちも大勢いました。

私が取材をした86歳の男性は、20代のときにこの地に逃れてきたと言っていました。以後、難民キャンプの外には出ていません。その方の60代の息子さんは、パレスチナ人への必要以上の監視や抑圧に対して反発をし、イスラエル側へ投石をしたことから捕らえられ、まだ解放されていません。息子さんには16年も会っていないそうなんです。もう先は長くないから、ひと目でいいから息子に会いたい、と言っていました。なぜ、投石という行為だけで、こんなに長期間拘束されなければならないのか。納得のいかない感情を抱えたままの人生とはいかばかりか。もどかしさを感じました。

池上　ユダヤ人にとっては、自分たちの国を持つことが悲願でしたから、それを脅かす存在は絶対に許さない、という立場なんですよね。いつの世でも戦争の犠牲となるのは、一般の市民。パレスチナの問題は、解決されずに長期化してしまっていますから、この事態を打破するのがますます難しくなっています。

増田 難民キャンプには、食料品や生活必需品を扱う小さなお店もあります。ねじやカギなどを扱う店の男性に話を聞くと、当時60歳で、自身はパレスチナ自治区で生まれ、ここで育ったといいます。自治区の外に出たことはない。この店を営んでいるけれど、それ以外に僕の人生にはなにもない。夢もないんだ、希望もないんだ、とさみしそうな微笑みを浮かべ、怒りの感情を見せるわけでもなく淡々と語っていました。

池上 つらいね。自治区から出られないとなると、まるで屋根のない広い刑務所のような感じもしますね。

増田 医療が行き届いていないという問題もあります。子どもたちもたくさんいるんですが、彼らもここで生まれ育っているので、この生活が当たり前になっているんですね。言いにくい話でもありますが、限られた範囲で婚姻を繰り返すことによって血縁が濃くなり、障害のある子が生まれる確率が高くなっているそうです。そうした子どもたちを支援するために日本のＪＩＣＡがパレスチナで活動していて、私が難民キャンプを訪れたときには、リハビリ施設や子どもたちの居場所を作るために広場を整備したりしていました。

池上　地道な活動だけれど、日本人が難民支援に取り組む姿には、われわれも励まされるし、勇気をもらえますよね。

増田　パレスチナ難民の問題に関しては、イスラエルで暮らすユダヤ人のなかにも苦しんでいる人がいます。私がお話を伺った方は、第三次中東戦争で従軍し、小さな子どもに銃口を向けて命を奪ったことを、生涯の重荷として背負っていると言っていました。

現役を引退してからは、重い病気を抱えた難民キャンプのパレスチナ人の子どもを、イスラエル側にある大きな病院に運んで手当を受けられるようにする、というボランティア活動をしています。自分がかかわった小児がんの子どもが助からなかったとき、ショックで言葉もなかったのと同時に、戦時下で自身がしたことも重なって、自責の念にかられたと無念の表情を浮かべていました。戦争で利する人などひとりもいない、という思いを強くするのと同時に、あきらめずに解決の糸口を探っていってほしいと切に願います。

難民キャンプは、NPOが主催するスタディーツアーなどで見学が可能です。関心のある方は、調べてみてくださいね。

池上&増田流　エルサレムの歩き方

1　願いごとが叶う⁉　ユダヤ教の聖地・嘆きの壁

エルサレムは、空港のあるテルアビブから東南に約60キロメートル、電車やバスで1時間の距離です。

エルサレムには、かつてユダヤ教の神殿があったのですが、ローマ軍によって破壊され、西側の壁だけが残りました。それが「嘆きの壁」です。いまはユダヤ教徒の聖地となっていて、世界中から集まってきたユダヤ教徒の人たちが、

嘆きの壁の前で、バル・ミツバを祝う少年と親族たち。

壁に向かって、『聖書』を読んで、お祈りをしていました。

嘆きの壁では、男性と女性でお祈りする場所が分かれています。私は、女性側にいたのですが、男性と女性の場所を分けるつい立てがありました。そのつい立ての前にプラスチックの椅子がたくさん並んでいて、女性たちが椅子の上に立ち、男性側のほうをのぞき込んでいました。

お祈りの場で、ちょっとお行儀が悪くないのかしら、などと思いながら様子を見ていると、その日は、ちょうど「バル・ミツバ」という男の子が13歳で行う成人の儀式が行われていたんです。のぞきこんでいた女性たちは、ヒューヒューと声をあげながら、キャンディを投げたりして、一緒に祝っていました。

ユダヤ教というと、なんだか深刻で暗そうな雰囲気を勝手に想像していたのですが、思った以上に明るくて驚きました。ちなみに、女の子は、12歳で「バット・ミツバ」という成人式を行います。

またユダヤ教では、神様に礼儀をつくすために、男性は「キッパ」と呼ばれる小さな帽子をかぶらなくてはいけません。嘆きの壁は誰でも行けますが、ユダヤ教徒でない人も、キッパをかぶらなくてはいけません。そのため、男性側には、紙で作られた簡易版のキッパが置いてあり、ユダヤ教徒でない人は、これを借りるわけです。

そして壁の岩の隙間には、紙がたくさん挟み込まれています。なんだと思いますか？　これは願いごとを書いて壁の隙間に入れると、願いが叶うと言われていて、オバマ元大統領も紙を隙間に入れていたのがニュースで報じられていましたよね。ちなみに、何語で書いてもいいそうです。池上さんはやらなかったそうですが、私は願いごとを書いて、隙間に挟んできました。何を書いたかは秘密です（笑）。みなさんも、ぜひどうぞ。（増田）

２　イスラム教の聖地だけどモスクじゃない!?
聖なる岩を守る黄金のドーム

嘆きの壁のすぐ後ろにあるのが、イスラム教の聖地である黄金のドームです。黄金のドームは、聖なる岩を守っているドームなので、お祈りをするのは、ドームではなく、隣にあるアルアクサ・モスクです。

なぜ聖なる岩なのか。それは、イスラム教を始めた預言者ムハンマドが、この岩に足をつけて天に昇り、唯一の神であるアッラーに会って、また戻ってきたと伝えられているからです。

残念ながら、黄金のドームの内部には、一般の人は入れないので、隙間から岩をのぞいてきました。池上さんはテレビの取材で、特別に中に入って、岩を

大勢の人たちで賑わう嘆きの壁の背後には、黄金のドームが見える。

見る機会があったそうですよ。

池上さんによると、中には巨大な岩があり、ムハンマドが昇天するときについた足跡なるものがあったそうです。池上さんは、手で触ることができたそうですよ。うらやましいですね（笑）。

代わりと言ってはなんですが、私は美しい黄金のドームを間近で眺めてきました。イスラム教は、偶像崇拝が禁止されているので、キリスト教のように聖人の絵が描かれるようなことがありませんが、青や白、黒、黄金色などを基調とした美しい幾何学模様やアラビア文字などを組み合わせて、壁や天井を装飾しています。そうした装飾は、タイルに描かれていることが多く、イスラム圏ではタイルの工芸が発展しているんですね。

黄金のドームからイスラム教徒の地区を歩いていくと、商店が立ち並ぶ間に、一般の住宅もありました。そのお宅の玄関のドアの上に、イスラム教の聖地メッカの風景と見てとれる看板が掲げてあったので、通訳ガイドの方に「これはなんですか？」と聞くと、「ここのお宅は、メッカ巡礼をすませたということなんだよ」と教えてくれました。イスラム教徒は、一生のうち一度はサウジアラビアにある聖地メッカへ巡礼することが望ましいとされているのですが、看板を掲げるほど、誇りに思うことなんですね。巡礼を済ませた人は「ハッジ」という称号で呼ばれます。（増田）

3　十字架を抱えてイエスの足跡をたどる

ヴィア・ドローサ

イスラム教徒の地区から始まり、キリスト教徒の地区に続いているのがヴィア・ドローサ、悲しみの道です。イエスが死刑の宣告を受け、十字架を背負いながら歩いていった道です。

ヴィア・ドローサは、イエスが死刑の宣告を受けた、鞭《むち》打ちの教会が起点です。４つの地区に分けられたのは後世のことなので、現在ここはイスラム教徒の地区の中にあります。教会の中には、イエスが十字架にはりつけられている場面を描いたステンドグラスがありました。キリスト教徒の人たちは、ここから大きな十字架を抱えて、ヴィア・ドローサを歩きます。ちなみに、出発地点には、巡礼に来た人たちのためにレンタル用の大きな十字架がいくつも置いてあります。半ば観光と化している部分もありますが（笑）、この道を歩いてイエスが経験したといわれることを追体験する日を夢見て、世界中から集まってくる信仰の篤い人たちの姿を見ていると、感慨深いものがあります。

大きな十字架を抱えながら、ヴィア・ドロローサを歩く人たち。

『新約聖書』には、イエスがこの道を歩いていく様が描かれています。途中で倒れたり、嘆き悲しむ母マリアと出会ったりした場所には、順に番号が付けられていて、目印と解説が掲げられています。終点は、イエスがはりつけの刑に処せられた、ゴルゴタの丘にある聖墳墓《せいふんぼ》教会です。

教会に到着すると、イエスが十字架から降ろされたときに寝かされたとされる石板があり、ここで遺体処理のための香油を施されたとされています。巡礼に来た人たちのなかには、この板に頰をすりよせ、涙する姿も見られました。このエルサレム旧市街が、信仰を持つ人たちにとっていかに大切な場所かということを、思い知らされた瞬間でした。（増田）

4 「十字軍の落書き」がある⁉
キリスト教の聖地・聖墳墓教会

キリスト教の聖地と言われる聖墳墓教会。ここでは、ひとつの宗派でなく、いろいろな宗派の人たちがお祈りを捧げます。たとえば、1階の祭壇の前ではカトリック、2階の祭壇の前では東方正教会のひとつであるギリシャ正教などといった具合で、朝な夕なに、教会内の各所で、それぞれの宗派ごとにお祈りを捧げる様子が見られます。同じキリスト教を信じているもの同士といっても、宗派同士の対立から、血をみるような大喧嘩を繰り広げた歴史もあります。そのため、教会の扉の管理はイスラム教徒が行うことになっていて、朝晩定刻に外から施錠《せじょう》と解錠《かいじょう》を行っています。

私がはじめてここを訪れたときは、ちょうど2階の祭壇の前で夕方の祈禱が行われていました。私の父が熱心なギリシャ正教の信者で、晩年は聖職者としての仕事にも就いていたほどだったので、父といえば、年末年始になると、自宅にしつらえてあった祭壇の前で、胸に十字をかきながら祈りを捧げていた姿を思い出します。祈りの時間がとても長いので、子どものころはとても苦痛だったのですが（笑）、独特のリズムや唱和の仕方があるので、ここで行われていたお祈りが自分も知っているギリシャ正教のものだということにすぐに気づきました。父とは違い、日ごろは信心深くない私ですが、あまりに懐かしい光景に、このときばかりはお祈りに合わせて、自然と胸に十字をかいていました。

聖墳墓教会の中には、さらにイエスのお墓とされるお堂のような建物があります。とても狭いので、一度に2～3人しか入れませんが、足を踏み入れたときには、何ともいえない感慨があり、ここでも跪《ひざまず》いて胸に十字をかきました。信心深い気持ちになったのはそのときだけで、その後長くは続きませんでしたが（笑）。

お墓から出てきたときに、ガイドの方につい、こんなことを言ってしまいました。「イエスはここに眠っているんですか」と。もちろん答えは「イエスは復活したから、ここにはいないんですよ」ですね（笑）。イエスが埋葬されたあと、3日目にはお墓が空っぽになっていて、イエスは復活し、エルサレムにあるオリーブ山から天に昇っていったと言われています。

また聖墳墓教会では「十字軍の落書き」も見ることができます。第1回の遠征で十字軍がエルサレムに到達したときに、壁に十字を刻んだものが残っているんです。ここにやってきたんだぞ、と落書きを残したのでしょうか。世界史の教科書の中の話ではなく、「十字軍は本当にいたんだ」ということを実感しました。（増田）

5 パレスチナ自治区にある イエスが生まれた聖誕教会

パレスチナ自治区にベツレヘムという地域があり、そこで、イエスは生まれたとされています。なぜイエスが生まれたところがパレスチナ自治区にあるんだろうと一瞬思ったのですが、ここも中東戦争を経て、パレスチナ自治区になった場所なんですよね。

　私は、エルサレムからベツレヘムに向かいました。イスラエルとパレスチナ自治区との境には、双方を遮断する「分離壁」という高くて厚い壁があります。分離壁のところでは、イスラエルの車から降りてパレスチナ自治区に入り、そこでパレスチナ側の車に乗り換えて行くのがルールです。

　聖誕教会の地下に、イエスが生まれたとされる場所があります。私は、ここなの？　本当にここなんだろうか？　という気持ちで見ましたが、信仰の度合いによって、どう感じるかは人それぞれですよね。

　ちなみに、イエスは馬小屋の納屋《なや》の横で生まれたとされていて、その場所に後から教会が作られたわけです。クリスマスになると、世界中から聖誕教会を訪ねてくる人たちがいます。キリスト教徒にとっては、ここで礼拝をして、クリスマスを祝うこともよろこびのひとつ。一年のうちで最も信仰心が高まる時期でもあります。

イスラエルとパレスチナ自治区を遮断する分離壁。

私が訪れたときは、イスラム教のスカーフ「ヒジャブ」をかぶった女性たちも教会を見学していました。まあ、キリスト教でもイスラム教でもない日本人も、観光として教会に行くのですから、そう考えれば納得もいくのですが、イスラエルとパレスチナの対立を思うと、何とも不思議な光景に見えたわけです。ちなみに、ベツレヘムは現在、パレスチナ自治区のため、聖誕教会の向かいには、イスラム教の寺院であるモスクが建っています。（増田）

6　イスラエルの本質が見える！マサダの砦

イスラエル観光といえば、３つの宗教の聖地エルサレムが一番注目されますが、機会があればおすすめしたいのは、エルサレムからバスで1時間半ほどのところにある世界遺産マサダです。いまは国立公園になっています。

マサダは、古代の要塞で、エルサレムがローマ軍によって陥落したときに、残されたユダヤ人たちが、ここに立てこもって抵抗を続けたと言われています。それでも圧倒的な兵力を持ったローマ軍によって占領され、破壊されてしまいました。

それ以降、イスラエルの建国まで、ユダヤ人たちは自分たちの国を持つことがありませんでした。ユダヤ人にとってマサダは、神への忠誠と祖国愛を象徴する場所なんですね。

ちなみに、「ユダヤ人」というのは、ユダヤ教徒のことです。イスラエルの法によると、ユダヤ教徒とは、ユダヤ人の母親から生まれた人、またはユダヤ

岩山の頂上に残るマサダの砦の遺構。真夏には灼熱の太陽が降り注ぐこの場所で抵抗を続けた祖先を思い、ユダヤの兵士たちは結束を固める。

教に入信した人たちのことです。唯一絶対の神ヤハウェは、ユダヤ人に対し、神を信仰すればお前たちを守ると約束し、彼らに土地を与えたとされます。それが「約束の地」である現在のイスラエルです。

イスラエルの兵士たちは、入隊すると必ずこの地を訪問します。というのも、マサダで入隊式が開かれるからです。

マサダがローマ軍によって攻められた際、立てこもっていたユダヤ人たちは、ローマ軍によって捕虜になったり凌辱《りょうじょく》されたりするのを潔しとせず、全員で自決しようとします。しかしユダヤ教は自殺を禁じています。そこで彼らは、仲間を殺害することで、結果的に自決を果たしました。誰が誰を殺すか順番を決めたことを示す石片《せきへん》が残されています。

イスラエル軍に入隊した若者たちは、その故事を学ぶのです。「なにがなんでもイスラエルを防衛しなければならない」という堅い決意を持つことでしょう。「マサダは二度と陥落させない」という言葉で式は締めくくられるそうです。

マサダは岩山の頂上にあり、夏はすごく暑いですが、ケーブルカーで頂上まで行くこともできます。頂上からは、死海の素晴らしい風景を望むこともできます。（池上）

7　アブラハムのお墓がある
マクペラ洞窟

パレスチナ自治区のヘブロンに、アブラハムのお墓があります。アブラハムは、ユダヤ教、キリスト教、イスラム教の3つの宗教に共通する祖先と言われています。『旧約聖書』に出てくる物語なので、単なる神話だろうと思っていたのですが、現実にアブラハムのお墓が存在すると聞いて、とても驚いたことを覚えています。

アブラハムのお墓がある建物は、半分はユダヤ教、半分はイスラム教と分かれていて、どちら側からもお祈りできるようになっています。お墓も、両側から見えるようになっています。

しかし、入り口は別々で、荷物のチェックがあるなど厳重に管理されています。というのも、かつてこの場所で、礼拝中のイスラム教徒に向かってユダヤ人が自動小銃を乱射するというテロ事件が発生。鎮圧にあたったイスラエル兵の射撃も含め、60人を超える死者と200人近い負傷者を出す事態となったのです。この事件をきっかけに、パレスチナ人による抗議行動とイスラエル軍との衝突が激しくなった経緯があります。

パレスチナ自治区にありながら、ユダヤ教の人たちにとっても大切な町ヘブロンでは、ユダヤ人の入植（移住）も進んでいます。パレスチナ人たちがもともと住んでいる地域との境では、50メートルほどの間隔でイスラエル兵が警備にあたっていましたし、軍の駐留地もありました。

町は静かで穏やかな雰囲気でしたが、水面下では緊張状態が続いている地域でもあります。アブラハムという共通の祖先を持つユダヤ人とパレスチナ人が、お互いを認め合い、和平の道を進むことはできないのか、と改めて思う今日このごろです。（増田）

イスラエルもパレスチナも載っていない地図

増田さんが海外取材を始めたころ、よくお土産に地図を頼みました。値段が安く、負担にならないだろうと思ったからです。とはいえ、頼まれてしまうと、地図を売っているお店を探さなければいけませんよね。余計な手間を取らせてしまったと、いまは反省。でも、地図って、面白いでしょう？

私が世界各地を訪れるたびに、その国の地図を買うようになったのは、国によって地図が違うからです。

たとえば、イランの世界地図にイスラエルは存在しません。「パレスチン」つまり「パレスチナ」と表記されています。イランはイスラエルを国家として承認しておらず、「そこはパレスチナ人の土地だ」と主張しているからです。

その一方、イスラエルの東隣のヨルダンの世界地図では、イスラエルともパレスチナとも表記されていません。国名が書いていないのです。なぜか。

ヨルダンはイスラエルを国家として承認していますが、その一方で、ヨルダンの国民の中にはパレスチナにルーツを持つ人が大勢います。イスラエルが建国されて難民となりヨルダンに逃げてきた人が多数いるのです。ヨルダン王妃もパレスチナ出身です。そんな国民感情からすれば、「イスラエル」と表記された世界地図を買う気にはなれないのでしょう。

かくしてヨルダンの地図会社は、国名を表記しないという判断をしたのです。

どうですか。世界地図って、面白いでしょう。値段も決して高くないので、お土産にはぴったりなのです。ただし、大きな地図をスーツケースに収納する

には、地図を折りたたまなければいけません。地図に皺がついてしまうのが悩みです。（池上）

イスラエルにチーズバーガーは売っていない!?

ユダヤ教では、『聖書（旧約聖書）』に基づき、コーシェル（コーシャ）と呼ばれる食事の規定があります。イスラエルでステーキを食べたとき、それを実感しました。『聖書』で「血は命であるから、血は食べてはいけない」と規定されているので、イスラエルの牛肉は、完全に血を抜いてあります。かつては肉がパサパサでしたが、最近は料理法が改善され、結構おいしくなっています。

また、ステーキを食べたあと、ついデザートにアイスクリームを注文しようとしたら、「ここはイスラエルだぞ」と言われました。『聖書』の中に「小山羊《こやぎ》をその母の乳で煮てはいけない」とあり、それが牛肉にも適用されていて、牛肉と乳製品は一緒に食べてはいけないんですね。つまりステーキとアイスクリームを一緒に食べてはいけないということになります。イスラエルにはマクドナルドがありますが、チーズバーガーは売っていません。

食事の規定が厳しいために、イスラエルの料理はおいしくないと言われていたこともありますが、いろいろな工夫を重ね、いまはとてもおいしくなっています。

また、イスラエルでは、アラブ料理も楽しめます。アラブ料理は、最初にサラダがばーっと並びます。アラブ料理は、野菜がたくさん使われていてヘルシーなんですよね。そして、なんといってもラムチョップ。イスラム圏は、羊をよく食べ、私もラムチョップは大好きな一品です。（池上）

コラム　同じ神様を信じている３つの宗教

ユダヤ教、キリスト教、イスラム教は、「アブラハムの宗教」と呼ばれることがあります。アブラハムは、『旧約聖書』に出てくる預言者で、３つの宗教に共通する祖先だからです。預言者とは「神の言葉を預かる者」という意味ですね。３つの宗教は、いずれも同じ唯一の神様を信じており、神様は預言者を選んで、人間たちに教えを与えてくださったという構造になっています。ちなみに、ユダヤ教では唯一の神を「ヤハウェ」、イスラム教では「アッラー」と呼びますが、呼び方が違うだけです。

ユダヤ教の『聖書』はひとつ

ユダヤ教にとっては『聖書』はひとつで、キリスト教から見ると『旧約聖書』となります。唯一の神「ヤハウェ」との契約＝トゥーラー（律法）を信じて守っています。トゥーラーは、『旧約聖書』の主要部分で、トゥーラーの決まりごとは、全部で613項にも及びます。イエスもユダヤ教徒で、ユダヤ教にとっては、イエスはただの人間とされています。

ローマ帝国がユダヤ人の王国を破壊したことにより、ユダヤ教の人たちは追い出され、世界中に散らばることになりました。これをディアスポラ(大離散)といいます。ユダヤ教は、大きく分けると、正統派、改革派、さらに改革派から分かれた保守派の3つの宗派があります。

キリスト教は『旧約聖書』と『新約聖書』

キリスト教の『聖書』は、『旧約聖書』と『新約聖書』があります。イエスの教えが書かれているのが『新約聖書』ですね。

イエスは「神の子」もしくは「神」とされ、イエスの教えを伝道者パウロが広めたことで、キリスト教が始まったと言われています。つまり、当初はユダヤ教の一分派だったものが、信者が増大することで、キリスト教に発展していったのです。キリスト教は、大きく分けると、カトリック、プロテスタント、東方正教会の３つがあります。詳しくは、キリスト教についてのコラム（１７８ページ）をご覧ください。

イスラム教でも『聖書』は大切

イスラム教は、ムハンマドが始めたとされており、ムハンマドが神から授かった言葉が『コーラン（クルアーン）』です。イスラム教徒にとっては、ムハンマドが最も大切な預言者ですが、イエスも預言者のひとりとされています。

イスラム教では、『コーラン』が一番大事だと考えられていますが、『旧約聖書』も『新約聖書』も大切です。なぜかというと、イスラム教においては、神様が『聖書（旧約聖書）』を与えたのに人々が守らないので『新約聖書』を与えた。それでも守らないから最後に『コーラン』を与えたと考えているからです。

イスラム教は、スンニ派とシーア派の２つの宗派があります。スンニ派

同じ神様を信じる３つの宗教

ユダヤ教（紀元前13世紀）＊諸説あり	聖書	聖書（旧約聖書）
	イエス	イエスは人間
キリスト教（1世紀）	聖書	聖書（旧約聖書＋新約聖書）
	イエス	イエスは「神の子」もしくは「神」
イスラム教（7世紀）	聖書	コーラン（クルアーン）＊聖書も大切
	イエス	イエスは預言者のひとり

は、指導者はムハンマドの子孫でなくてもよく、みんなで指導者を選んできた習慣を大切にします。一方、シーア派は、預言者ムハンマドの血を引く人たちがなによりも大切だと考えています。イランを中心に、イスラム教徒の1割強がシーア派と言われています。（池上）

第4章

NATO加盟国だけどEUではない ヨーロッパとアジアの間にあるトルコ

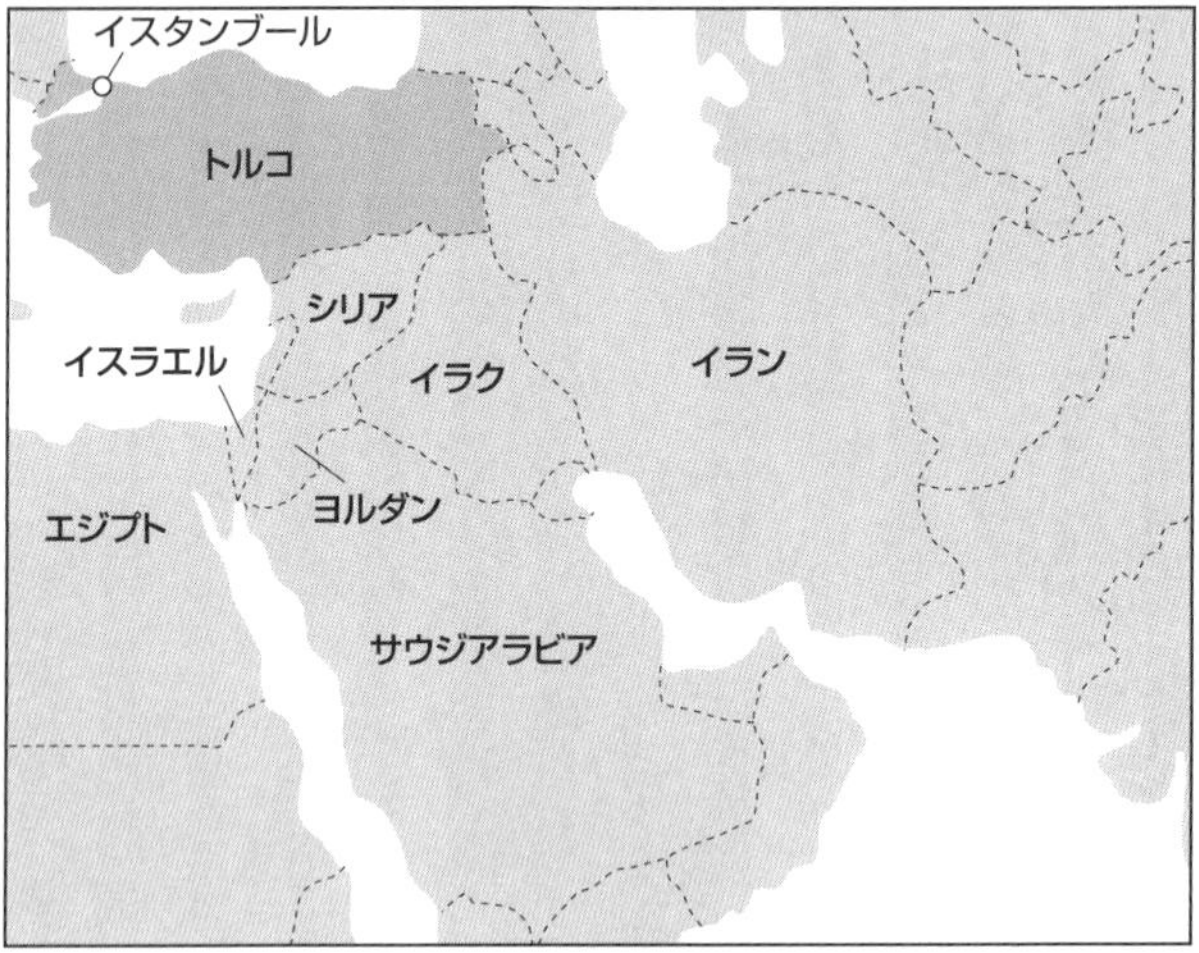

Republic of Turkey

トルコ共和国

人口

約8400万人

首都

アンカラ

民族

トルコ人ほか

言語

トルコ語

宗教

イスラム教ほか

東側がアジア、西側がヨーロッパ

池上　トルコで一番印象に残っているのは、イスタンブールのボスポラス海峡で見た夕日です。「ああ、いまヨーロッパとアジアの間にいるんだなあ」と感慨深かったです。

増田　池上さん、ロマンチストですもんね（笑）。

池上　ボスポラス海峡の東側がアジア、西側がヨーロッパ。イスタンブールはヨーロッパとアジアにまたがる街です。

ヨーロッパ側には、旧市街と新市街があって、旧市街にはアヤソフィアやトプカプ宮殿などの世界遺産があり、新市街はビジネスの中心地となっています。

アジア側は、車でちらっと見ただけですが、ヨーロッパ側と雰囲気が違いました。トルコの国土のほとんどはアジア地域にあります。

増田　私は、アヤソフィアが一番よかったです。トプカプ宮殿にも行きましたが、オスマン帝国を治めていた歴代のスルタンが集めた金銀財宝がたくさん展示されていても、面白くなくて。私は金銀財宝に興味がないんだなって思いました（笑）。池上さん、行きました？

池上　うん、行った。面白くなかった（笑）。

ハリウッド映画によく登場するイスタンブール

池上　ハリウッド映画でいわゆる中東が舞台というと、イスタンブールがよく出てきます。なぜかというと、ほかの中東のイスラム諸国に比べて、自由にロケができるから。

増田　イスラム圏ということで、エキゾチズムを感じる一方で、トルコは政教分離の立場をとっているので、イスラム諸国のなかでは、いろいろな面で寛容ですよね。

第一次世界大戦で、オスマン帝国が負け、いまのトルコができたわけですが、初代大統領のアタテュルクが、宗教と政治を分離しなければ、トルコの発展はないと考えて、政教分離を断行しました。

池上　たとえば、イランでは女性たちが髪を隠すスカーフ「ヒジャブ」、サウジアラビアでは目だけを出して全身を覆う「ニカブ」、アフガニスタンでは目の部分が網みたいになっていて外からは目も見えない「ブルカ」を着用していますが、トルコではヒジャブの着用が義務づけられていません。イスタンブールだと、ヒジャブを着用していない女性たちも多く見られます。

増田　イランでは、2022年9月にヒジャブをきちんと着けていなかったという理由で道徳警察に逮捕された22歳の女性マフサ・アミニさんが警察署内で亡くなるという悲しい出来事があり、大きな抗議運動につながりました。世界各地に抗議運動は広がり、その中心は若い女性たちです。ただ、現在のライシ政権は強硬派なので、厳しい取り締まりが行われていますね。

池上　私が2005年にテヘランに行ったときは、若い女性たちはヒジャブを頭の後ろのほうにしていて、髪の毛を見せていました。道徳警察が遠くからやってくるのを見ると、慌てて前髪を隠していたんですよね。道徳警察は、ひげ面で鞭《むち》を持ち、きょろきょろとあたりを見回しながら歩いているので、遠くからでもわかるんです。ただ、今回の事態を受けて、イラン政府は道徳警察の廃止を発表しましたが、まだ予断を許しませんね。

どうして、ヒジャブなどを着用しなくてはいけないかというと、家族や親族以外の男性に美しいところを見せてはいけないという教えが『コーラン（クルアーン）』に書いてあるからです。具体的には「女の信仰者にも言っておやり、慎みふかく目を下げて、陰部は大事に守っておき、外部に出ている部分はしかたないが、そのほかの美しいところは人に見せぬよう」（井筒俊彦訳『コーラン（中）』）とあります。外部に出ている部分というのは、手や腕などのことで、髪の毛も美しいから隠さなくてはいけないと考えているわけですね。

トルコはイスラム教を強制していないので、街中で自由にお酒が飲めます。肌を出した女性の姿も見られ、自由なことを実感します。

しかし、現在のエルドアン大統領は、厳格なイスラム教徒で、トルコをイスラム教の国にしようとしています。政教分離なので、公共の場所では女性が髪をヒジャブで隠してはいけないというルールがあったのに、エルドアン大統領の妻はヒジャブをして登場しました。いまでは公共の場でのヒジャブの着用もOKになっています。

飲酒も、最近は夜間のお酒の販売を規制するようになり、若者たちのなかには、「いずれ酒が飲めなくなってしまうのではないか」という危機感があるそうです。

でも、地方の保守的な人たちはイスラム教の戒律を守るべきだと考えているため、エルドアン大統領の支持率は高いのです。

NATO加盟国だけどEUには入れない

増田　冒頭でも触れましたが、トルコは地理的にヨーロッパとアジアの間にあり、NATO（北大西洋条約機構）には、1952年とかなり早い時期に加盟しています。一方で、EU（当時はEC）へは1987年から申請しているのにまだ加盟が認められていません。

池上　NATOは、ソ連に対抗して、アメリカ、イギリス、フランスなど12か国で1949年にスタートし、現在30か国が加盟しています。

EUは1993年に作られ、現在イギリスが抜けて27か国。EUに加盟している国は、カトリック、プロテスタント、東方正教会の違いはあれ、いずれもキリスト教が多数を占める国ばかりです。

トルコはEUに入りたいため、EUが参加のために挙げてきた条件をクリアしようとしてきました。たとえばEUは死刑を廃止しているので、死刑制度があったトルコは、事実上死刑を停止しました。

また国内の少数民族のクルド人の存在を認めず、クルド語の使用も禁止していましたが、EUからの批判を受け、クルド人の存在を認め、クルド語の使用も容認するようになりました。それでも、EUはトルコの参加を認めようとはしていません。EUの本音としては、イスラム教のトルコを入れたくないんですよね。

オスマン帝国とロシア

池上　トルコはロシアにも地理的に近いのでロシアの脅威にさらされていたことがありますす。イスタンブールに「トーゴー（東郷）通り」があるんですよね。日露戦争でロシアを破った日本海軍の東郷平八郎が通りの名前になっています。トルコは、同じアジアの国がロシアを破ってくれた！と思ってくれたみたいです。

増田　トルコは、オスマン帝国時代にロシアと戦争しているからですね。

オスマン帝国は、トルコ人が13世紀末にいまのトルコのあたりに建国しました。イスラム教のオスマン帝国が、キリスト教の東ローマ帝国（ビザンツ帝国）を滅ぼした、とよく言われます。最盛期は、中東の大部分がオスマン帝国で、600年も続いたんですよね。

池上　オスマン帝国は、納税さえすれば、イスラム教以外の宗教も母語も民族の習慣も認めるというやり方をとりました。このゆるやかな支配の仕方が、オスマン帝国が長きにわたって続いた理由ですよね。

増田　そうですね。ぜひトルコでオスマン帝国の歴史も感じてもらえたらと思います。

池上　私は中東でも、必ず書店をチェックしています。色とりどりの装幀の『コーラン』が売られているのを見るのも楽しいですし、『コーラン』以外の本がどれだけ読まれているかについても注目しています。

たとえばイランは現在アメリカから経済制裁を受けていますが、イランの人々はいろいろな本を読んでいて、経済制裁を解かれた暁には大きな力を発揮するのではないかと予測しています。

２０２２年12月時点で日本も円安ですけど、トルコの通貨は、もっと安くなっていますから、トルコに行ったら、物価も安く感じると思います。エルドアン大統領が景気をよくするために、金利をあげるなと言っていて、中央銀行の総裁が金利をあげようとすると、エルドアン大統領がやめさせるので、総裁が何人も代わっています。インフレが猛烈に進んでいるうえに通貨安なので、トルコに住んでいる人にとっては物価が高いのですが、海外から行く人にとっては安いんですね。

増田　また「お茶を飲んでいきませんか」と言って客人をもてなす習慣があり、取材に行くとどこでも優しく対応してくれました。

中東は食事がおいしいですし、優しい人が多い。政治的な出来事から「怖いところ」という印象を持っている方もいるかもしれませんが、多様な地域であることに目を向けてくれる方たちが増えたらうれしいです。

池上＆増田流　イスタンブールの歩き方

1　博物館がモスクになった!?
アヤソフィア

アヤソフィアからトルコの歴史が見える、といっても過言ではありません。もとはキリスト教の東方正教会のひとつ、ギリシャ正教の大聖堂で、6世紀に建てられました。

15世紀半ばに、オスマン帝国が侵入し、教会がイスラム教のモスクになります。このとき建物は破壊せずに、上書きしたんですね。なぜかというと、オスマン帝国は、支配した地域を破壊せずに、その土地の人たちと共存する方針をとったからです。宗教の違いも認めたので、アヤソフィアも、建物を活かしたまま、イスラム教の寺院にしたわけです。

第一次世界大戦でオスマン帝国は敗れ、領土の大半を失い、現在のトルコになります。この時点から、政教分離を掲げ、宗教色をなくした国づくりをしよ

アヤソフィアの内部。キリスト教のイコン（聖像画）とイスラム教のアラビア文字などの装飾を見ることができる。現在、モスクとして使用される際には、イコンはカーテンなどで隠されている。

うということで、アヤソフィアは博物館になりました。

アヤソフィアの建物の特色のひとつは、なんといってもキリスト教のイエスなどのイコン（聖像画）とイスラム教のアラビア文字などの装飾の両方を見ることができるところです。2つの宗教が共存している様を眺めて、これまでの歴史的な経緯を思いかえしながら、平和な世のありがたみをしみじみと感じたものです。

ところが、2020年にトル

コの行政最高裁判所がアヤソフィアをモスクに戻すという判決を出しました。エルドアン大統領が、敬虔なイスラム教徒の人たちから支持を得るために、アヤソフィアをモスクにしたという意図を感じます。宗教施設ということになると、世界遺産が取り消されるかもしれません。

なぜ私がアヤソフィアにここまで惹かれるかというと、アヤソフィアは、もとはギリシャ正教の総本山だったからです。イスラエルの章でも触れましたが、私の父がギリシャ正教の熱心な信者だったので、日本ではあまりなじみのない宗派だと思いますが、私にとってはとても身近なものでした。ユリヤという名前は、クリスチャンネームをそのままつけたものですが、親の願いと本人の信条は必ずしも一致しないものですね（笑）。（増田）

2　ヨーロッパとアジアが交わる！

ボスポラス海峡

ボスポラス海峡を見たとき「ああ、ここがアジアとヨーロッパの境なのか。

いま、自分は２つの文化が交わる場所にいる」と感慨深かったのです。ボスポラス海峡の両岸には、イスタンブール市民の足として、各所に定期船の船着場があります。

ちなみに、ボスポラス海峡を横断する鉄道の海底トンネルの建設は日本のゼネコンが請け負いました。ヨーロッパとアジアを結ぶトンネルを日本の企業が作ったということで、なんだか誇らしいですよね。そこを走る電車の車両の製造は韓国の企業が落札しましたが。（池上）

3　お茶やコーヒーの出前もある！
グランドバザール

中東最大級と言われ、４０００軒以上ものお店が軒を連ねるバザール。バザールを歩いていると、日本語で声をかけられることもあります。ちなみに、バザールは市場を意味するペルシャ語で、スークはアラビア語です。どちらの言葉を使っているかで、その国がどちらの文化圏だったのかがわかります。

ここに行くと、お茶やコーヒーの出前を運ぶ姿が見られる、と雑誌で読んだことがあったのですが、くさりのついたお盆にカップが載っていて、それを天秤棒のようなもので担いで運んでいる青年の姿を見かけました。

コーヒーやカフェの文化は、トルコからヨーロッパに伝わったとのことですが、その原点を見たような気持ちでした。街角には、水たばこをくゆらせている男性の姿もある一方（吸う姿もはじめて見たので、感激しました！）女性たちは必ずしもヒジャブなどを身に着けているわけではなく、欧米の女性たちと変わらぬ雰囲気のいでたちで、文化の交わる地域であることをそんな姿からも実感しました。

アヤソフィアに行こうとホテルからタクシーに乗ったとき、タクシーの運転手さんに「絨毯に興味はないか？」と聞かれ「興味ない」と言ったのに、運転手さんの親戚の絨毯のお店に連れていかれたことがあります。ミントティーでおもてなしをされたあと、絨毯を買わないかとすすめられました。最初は大きな絨毯でしたが、私が首を縦に振らないので、どんどん値段と大きさが小さくなっていき、最後には玄関マットぐらいの大きさの絨毯を強くすすめられましたが（当時日本円で6万円ぐらいでした）勇気を出して「買わない」と断言して出てきました。

買わなかったからといって、タクシーの運転手さんが機嫌を損ねることもなく、その後も親切に観光ガイドまでしてくれました。ホテルへの帰り道にグランドバザールに立ち寄ったときにも、迷っているんじゃないかと心配して、携帯電話に連絡をしてきてくれたほどです。私の中でのトルコ人は、親日家で親切な人というイメージになりました。

ちなみに、バザールでも絨毯を目にしましたが、ひと目見て、私がすすめてもらった絨毯のほうがはるかに質のいいものだとわかりました。買うつもりはなかったものの、ちょっと惜しい気持ちにもなりました（笑）。（増田）

ヨーグルトにニンニクを入れるトルコ料理

世界三大料理のひとつと言われるトルコ料理ですが、トルコはイスラム教の国なので、基本的にはハラルフードです。ハラルとは、アラビア語で「許されている」という意味を持ち、その反対語となる「ハラム」は「禁じられている」という意味を持ちます。「ハラル」と聞くと、食事の規定を思い浮かべる人も多いかと思いますが、食に限ったことではなく、生活全般における行動やものにおいても、神によって「ハラル（許されている）」ものを選び、「ハラム（禁じられている）」ものを避けることで、信仰を表します。

食におけるハラルは、日本でもハラル認証として知られるようになってきました。鶏や牛に関しては、イスラムの教えにしたがって処理されていなければ、口にしてはいけません。禁じられている食品としては、豚肉やアルコールなどがよく知られていますね。

また、イスラム教というとラマダンもよく知られています。ラマダンは1か月間続き、期間中は日の出から日没までは食べものを口にすることができず、お水も飲めません。ラマダンは、『コーラン』に書かれている義務のひとつで、単に食事を断つだけではなく、この期間にさまざまな欲望を抑え、自身の信仰心を深めることが本来の目的とされています。

さて、トルコ料理の話に戻りますと、豚肉は食べませんが、羊をはじめ牛や鶏などを使ったメニューが豊富にあるので、肉料理も十分楽しめます。

羊を使った料理には、肉や魚の串焼き（シシ・ケバブ）、ミニハンバーグ（キョフテ）、ひき肉にナス、トマト、ピーマンなどを加えてオーブンで焼いたものなどいろいろあります。サバの切り身を鉄板で焼いて生の玉ねぎなどを入れてバゲットで挟んだサバサンドは、日本のカフェなどでも食べられるようになりましたが、じつはトルコ料理です。

飲みものでは、アラブ独特のミントがたくさん入ったミントティーがおいしいですね。暑い地域の飲み物なので、お砂糖が入っていて甘いのが特徴です。

またじつは、トルコはヨーグルト発祥の地であり、ヨーグルトの消費量も世界一です。すりおろしたニンニクを入れた、ニンニクヨーグルトソースというものがあり、サラダ、パスタ、煮込み料理などあらゆる料理で調味料として使われています。トルコに行ったら、ぜひ試してみてくださいね。（増田）

第5章

メルケル・ロスを経験
EU経済のカギを握るドイツ

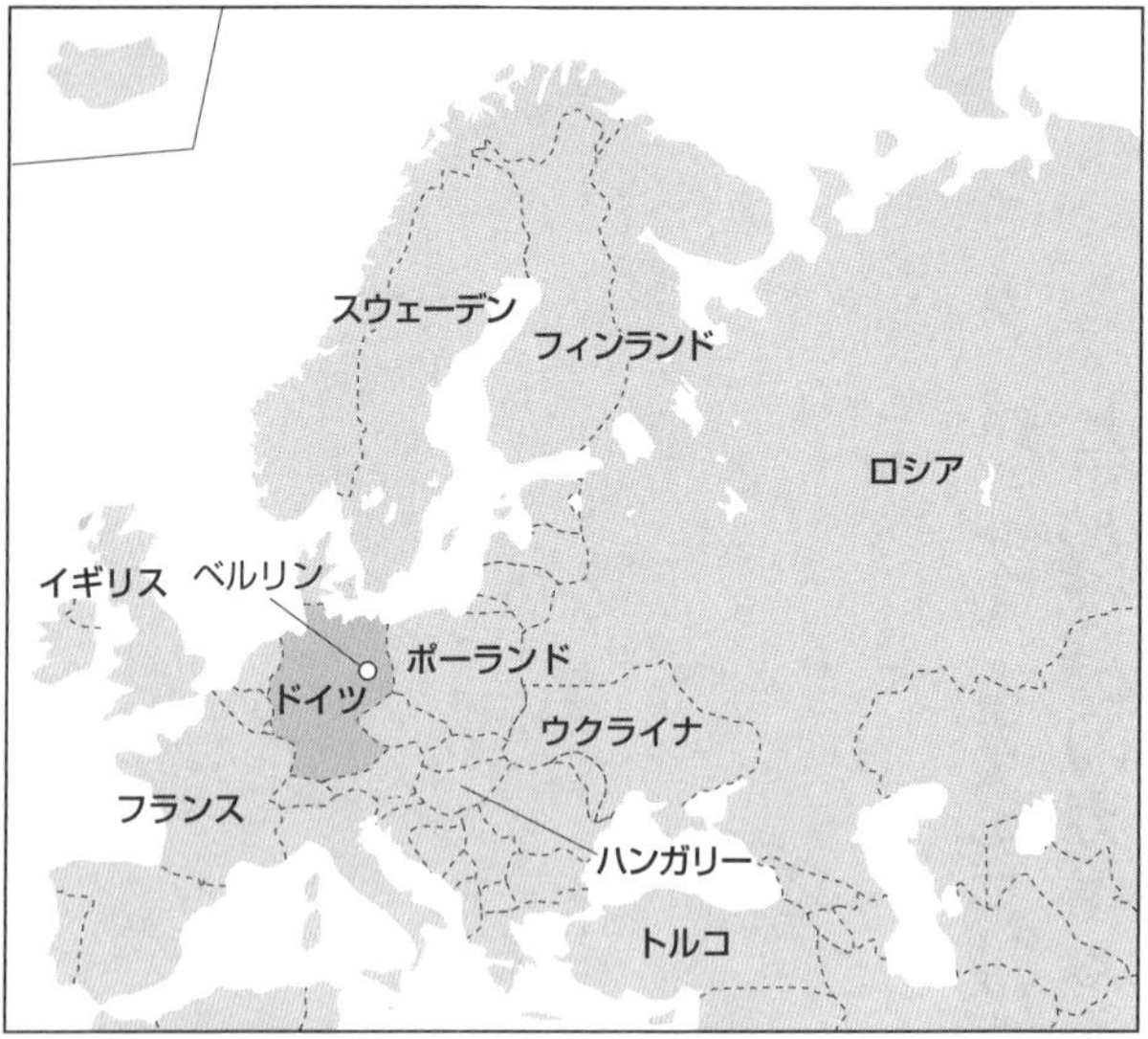

Federal Republic of Germany

ドイツ連邦共和国

人口

約8300万人

首都

ベルリン

言語

ドイツ語

宗教

キリスト教

（カトリック、プロテスタントほか）

ベルリンの壁が崩壊した直後のドイツ

増田　この章からは、ヨーロッパの国を取り上げます。まずはドイツですね。私は、はじめて行ったヨーロッパの国がドイツでした。２００４年のことです。ベルリン市内の駅のホームで通訳ガイドの女性と待ち合わせをしたときに、アジア人はいないからすぐわかりますよと言われたんです。いまはだいぶ変わっていますよね。

　そのときは、取材だったので、観光できたのはベルリンの壁とブランデンブルク門ぐらいでしたが、池上さんははじめて行ったのはいつですか。

池上　私は、１９８９年のベルリンの壁の崩壊のすぐあと、たしか１９９０年に行きました。そのときは、壁の破片をお土産として売っていました。

増田　ああ、売っていましたね！

池上　自分が生きているうちにベルリンの壁が崩壊するなんて思ってもいなかったので、当時はニュースを見ているうちに涙が出てきました。

翌年にベルリンに行ったとき、ブランデンブルク門は東ベルリンにあったんだと知りました。東ベルリンにあったといっても、西ベルリンとの境界にあったので、門を通行できなかったんですね。それが、東西ドイツが統一されて、門を通り抜けられるようになった。だから、ブランデンブルク門はドイツ統一の象徴と言われています。

1990年ごろは旧西ベルリンは古い街並みのままで、旧東ベルリンは開発されて、新しいショッピングセンターなどがどんどん建っていました。

増田 そうですよね。旧東ベルリン側には、今でもいかにも社会主義という大通りがある一方で、新たに再開発された街も多く、かわいいお店やおしゃれなカフェもありますよね。ベルリンはそういったものが同居している街という印象です。

長くベルリンに在住している日本の方の話では、ニューヨークと同じように、コスモポリタン（国際人）の住む街に変わっていった、とのこと。差別や偏見の少ない、リベラルな街だというんですね。確かに、私がベルリンでシリア難民の取材をしていたときに、難民を従業員として雇っていたレストランは、イスラエル出身のユダヤ人とパレスチナ人の共同経営で、地中海料理をベースにメニューが作られていました。レストランの名前は「カナン」。

池上　ユダヤ人にとっては「約束の地」という意味ですね。現実には、パレスチナ問題は解決していないけれど、ベルリンという地では、一緒にレストランを経営できる。そんなことを可能にしてしまう街がベルリンなんですね。

ベルリンの壁には空き地があった

池上　じつはベルリンの壁は、内側の壁と外側の壁の間が１００メートルの空き地になっていたんですよね。なぜかというと、内側の壁を越えて、西ベルリンに逃げようとする人が外側の壁を越える前に、その空き地で警備兵が見つけて射殺していたからです。だから、ベルリンの壁が崩壊してから、その空き地がどんどん開発されました。その開発された場所では、歩道のわきにある柵などあちこちに小さな十字架のマークがありました。壁を越えようとして殺されてしまった人たちを追悼するものです。

増田　ドイツは、日本と比べると、戦争に対する謝罪や戦後処理をきちんと実行している国だという印象があります。たとえば、第二次世界大戦の記憶をどのような形で残していくのか、といった話し合いには、すごく時間をかけています。

池上さんがおっしゃった十字架のマークもそうだし、ナチスドイツ下で虐殺されたユダヤ人を追悼するために作られた「ユダヤ人犠牲者記念館」もそうです。ブランデンブルク門から南に100メートルほどの場所にあり、公園のような雰囲気で、屋外に大きさや高さの違うコンクリート製のブロックを並べただけのつくりで、ブロックの間を歩いてまわれるようになっています。直接的になにかを訴えるというよりも、この場に来た人に、自由に考えたり、感じたりしてほしい、というコンセプトなんですね。

この近くには、建設が決まってから20年の月日を経て、２０１２年にようやく完成した、シンティ・ロマの記念碑もあります。ロマ人は、以前ジプシーという表現をしていたこともありますが、いまは差別表現とされていますね。シンティも、ロマ人と同じ出自の少数民族で、いずれもナチスドイツに虐殺された歴史があります。

池上　ナチスが迫害したのは、ユダヤ人だけではなかったんです。最初は身体障がい者、次に少数民族のシンティやロマ人を迫害したんですよね。そのあとが、ユダヤ人でした。

増田　自分たちの負の遺産をどう表現するのか、どういうコンセプトで作るのか、ひとつひとつ作るのに、もちろん賛成・反対があり、たくさんの議論があったそうです。すぐに形になったわけではなく、昨今ようやく形になってきたと聞きました。

ドイツ経済が強いのはユーロのおかげ

池上　経済について少し触れますと、ドイツは第二次世界大戦で負けた後、日本と同じように、一生懸命がんばって、経済を発展させ、マルク高になりました。１９９９年に、ユーロが導入され、通貨の弱いフランなどと統一され、ユーロの価値がマルクよりも安くなりました。

通貨がマルクだと、ドイツ製品が高くなるのですが、ユーロになるとドイツ製品が割安になり、海外で売りやすくなった。もしいまユーロがなくなると、マルク高になって、ドイツ製品は高くなります。いまもユーロのおかげで、ドイツ車などドイツの製品が国外でよく売れて、ドイツ経済は強いんですね。

一方、イタリアやギリシャなどにとっては、自国の通貨だったときよりも、ユーロが高くなってしまい、不景気になってしまいました。それがいまも続いていますよね。ユーロになぜ信頼があるかというと、ドイツが加わっているからです。

またポーランド、チェコ、スロバキアなどがEUに入って、通貨をユーロにしたことにより、これらの国にドイツの企業が進出、東欧がドイツの下請けになっているわけです。

増田　ドイツは、車や機械など、ものづくりが強いですよね。マイスター制度というのがあり、なんと小学5年生ごろに一般の大学に行くか、技能を身につける学校に行くかを決めるんですよね。

　また、ドイツには閉店法という法律があり、たとえば日曜日はお店を開けてはいけないということになっています。

池上　もっと自由化すべきだという議論があり、デパートの一部の営業が認められているかと思いますが。ミュンヘンに行ったとき、18時過ぎたら、店がしまってしまい、駅のキオスクで辛うじて水が買えたということがありました。

増田　日本みたいなコンビニはないですよね。

池上　生産性が高いですよね。朝9時にきっかり仕事を始め、猛烈に仕事をして、12時にお昼休み、また猛烈に仕事、17時に仕事を終えます。夏休みは1か月。年間休暇はフランスより多いのです。

ユーロ危機が起きたとき、メルケル首相（当時）がギリシャにもっと働けと言ったことがあるのですが、調べたらドイツのほうが労働時間が短かったという（笑）。ドイツという国に見習うところは多いですね。

増田 ロシアのウクライナ侵攻で、日本も含め、世界中でエネルギーの価格があがっています。ドイツでは、シャワーの時間を短くするようにという呼びかけもあったそうです。

池上 もしドイツ経済が失速すると、ヨーロッパ経済が大変なことになると思います。それだけ、ドイツが世界経済に与える影響は大きいんですよね。

メルケル・ロスを経験するドイツ

池上 先程名前が出たメルケルさんは、16年間首相を務め、２０２１年に政界を引退しました。

増田　メルケルさんは、ドイツではじめての女性首相だったんですよね。ドイツ総選挙の取材でメルケルさんを目の前で見る機会が一度だけあったのですが、テレビで見るよりも、ずっとすてきな気品のあるマダムでした！

池上　メルケル・ロスは大きいと思います。ドイツだけでなく、EUのお母さんがいなくなってしまったという感じですよね。

もともとEUの始まりは、1952年に創設されたECSC（欧州石炭鉄鋼共同体）です。ドイツとフランスの国境地帯にある炭鉱と鉄鋼業の共同管理を、西ドイツ、フランス、イタリア、ベルギー、オランダ、ルクセンブルクの6か国で実施するために作られました。

石炭と鉄鋼は、それまで独仏対立の火種となっていた資源ですが、その生産を共同管理することで、両国の和解と平和を進めようとしました。そこから、少しずつ大きくなり、EUに発展したのです。

その背景にあるのは、第二次世界大戦で、ヨーロッパ中が廃墟のようになってしまった。国境がなければ、戦争は起きないのではないかという考えです。
現在のマクロン大統領をはじめ、歴代のフランス大統領はメルケルさんを頼っていた面があると思います。EUはフランスとドイツが協力しあってこそ機能するわけですしね。

増田 2015年のシリア難民危機のとき、100万人以上の難民がドイツに押し寄せましたが、メルケルさんは受け入れを表明しました。

池上 メルケルさんは敬虔なキリスト教徒なので、人道的な側面はもちろんありますが、ドイツも少子高齢化が進み、労働力不足です。シリアなどからはるばるドイツにやってくる意欲のある若者たちはドイツ経済にとってプラスになるというのも本音です。

増田 メルケルさんの難民受け入れは国際的には評価されましたが、残念なことに、難民による事件なども起こってしまい、メルケルさんの党は選挙では負けてしまいました。
どうしてもメルケルさんの印象が強くて、現在のショルツ首相は地味ですよね（笑）。悪くはないのですが、頼りにならない印象があります。

池上　ショルツ首相になっても、基本的に移民・難民に対する方針は変わっていません。

イギリスがEUから抜けたことで、今後EUからさらに多くの国が離脱するのではないかとも言われましたが、実際にはEU離脱で大混乱したイギリスを見て、離脱の動きは止まりました。今後は、各国のペースでEU統合を進めていくことになると思います。

増田　2022年12月、ドイツ政府の転覆を計画した極右グループのメンバーが逮捕されるというクーデター未遂事件が起きました。背景にはシリア難民だけでなく、ウクライナ避難民に対する反発があるといいます。人道的支援と自国民の利益とのバランスをどうとっていくのか。ドイツの今後にも注目です。

池上&増田流　ベルリンの歩き方

1　じつは東ドイツにあった
ベルリンの壁

ベルリンの街は、ドイツの真ん中にあると勘違いしやすいのですが、旧東ドイツにありました。ベルリンは首都だったので、東西に分割したんですね。従って、西ベルリンをぐるりと囲む形で作られたのがベルリンの壁です。西ベルリンは東京23区と同じぐらいの広さで、陸の孤島のようになっていました。

ベルリンを分割した当初は、壁はなく、自由に行き来することができました。東ドイツに秘密警察ができたり、企業が国営化されたりと、自由がなくなってきて、大勢の人が西ベルリンに逃げ出すようになります。東ドイツができた1949年からベルリンの壁ができる61年までに200万人が西側に行ったと推定されています。

そこで、東ドイツの国民が逃げていかないようにベルリンの壁の建設が突然始まりました。最初は有刺鉄線だったのが、どんどん広く大きくなっていったんですね。

私（増田）は、実際に東ベルリンから壁を越えて西側に逃げたゲルハルト・メッシングさんという72歳の男性にお話を伺ったことがあります。メッシングさんは、雨の日を狙ったと言っていました。足跡がつきにくいし、番犬などもたぶんおらず警備が手薄になるだろうと。16歳のときに「今行かなければいけない」とひとりで決行。西ドイツは、人権を守る形できちんと保護してくれて、学校にも行かせてくれ、資格を取得して働き、生活ができるようにしてくれたとおっしゃっていました。

いまも壁の一部は、保存されています。近くにはメモリアルパークが作られ、壁を越えようとして犠牲になった人たちの写真が飾ってあります。

余談ですが、ベルリンの壁の崩壊を苦々しく見ていた人もいました。ロシアのプーチン大統領です。当時は、ＫＧＢのスパイとして東ドイツにいたんですね。あっという間に東ドイツという国がなくなってしまったということがプーチン大統領にとってはトラウマで、しっかりと国民をつなぎとめておかないといけないと、いまのプーチン大統領の考えにつながっています。

（池上&増田）

2　歩いていると本当につまずく「つまずきの石」

名前や生年、殺された場所などが刻まれているつまずきの石。

ユダヤ人の方たちが住んでいた家の前の歩道に、10センチメートル四方のプレートが埋めてあり、名前や生年、国外追放された年や殺された場所など一枚に一人の情報が刻まれています。本当に歩いていると、つまずくように置いてあります。

ベルリン出身の芸術家グンター・デムニヒさんが始めたプロジェクトで、いまではドイツのほかヨーロッパ各国に広がっています。私は、ハンガリーの首都ブダペストの街でも見かけました。（増田）

3　イギリスに破壊されたまま?!　カイザー・ヴィルヘルム記念教会

カイザー・ヴィルヘルム記念教会は、第二次世界大戦のときイギリス空軍に破壊されたままの状態で、修復せずに使われています。先端部分が破壊されたままになっているんですね。ドイツは加害者としての戦争の記憶もきちんと残していますが、こういった被害者としての戦争の記憶も残しています。日本でいうと、原爆ドームのようなものです。

ちなみに、ドイツはカトリックもプロテスタントも信者がいますが、カイザー・ヴィルヘルム記念教会はプロテスタントの教会です。

先端部分が破壊されたままのカイザー・ヴィルヘルム記念教会。2016年12月、教会前で開かれていたクリスマスマーケットにトラックが突っこむテロが発生。翌月に現地を訪れると、お花やキャンドルが供えてあった。

また、戦争の記憶を残すということでいうと、ドレスデンの街並みも知られています。イギリスによるドレスデン大空襲で、黒く煤《すす》けた石造りの建物をそのまま残しています。ドレスデンを歩いていると、突然、黒ずくめの建物がずらっと並んでいるところに出くわして驚きました。（池上）

4　トルコの文化と雰囲気を感じる　クロイツベルク

クロイツベルクは、旧西ベルリンの東端《とうたん》にある街です。旧東ベルリンとの境にあるため、観光地としては、ベルリンの壁博物館やチェックポイント・チャーリーがある地区といえば、なんとなくイメージがわく方もいらっしゃるかもしれませんね。

第二次世界大戦後、ドイツは労働力不足を補うために、トルコから大勢の移民を受け入れた経緯がありました。そのトルコ系の移民の人たちが集まって住んでいたのが、ここクロイツベルクです。今も、トルコ系の移民の人たちが多く暮らしていますが、家賃の手ごろさから、若い人たちや学生がこの地区に移り住んできたことがきっかけで、おしゃれなカフェや雑貨のお店などが立ち並ぶ、新しくて活気のある街に変化していきました。

私が行ったのは、イスタンブールから移民してきたという方が経営するアラブ料理のお店。ひよこ豆のペーストやシシケバブなどのお肉料理をいただきました。まさかドイツでアラブ料理が食べられるとは。とってもおいしかったですよ。

トルコ人はイスラム教徒なので、このエリアにはモスクもあります。2015年のシリア難民危機の際、ドイツ国内でもテロが頻発。イスラム教徒の人たちは、ドイツ国内でどういう状況になっているかを知りたくて、モスクを訪ねて話を伺ったというわけです。モスクを訪ねてくる人たちのなかには、移民も増えてきているというお話でしたが、イスラム教徒であっても、そうでなくても、お互いに安心して暮らせる社会を目指しているという責任者の方のお話が印象的でした。（増田）

食事するところに迷ったら、市庁舎に行ってみる！

ドイツで食事に迷ったら、ラッツケラーに行ってみてください。ラッツケラーとは、市庁舎の地下にあるレストランのこと。どの市庁舎の地下もレストランになっています。

また、ドイツといえばビール！　ドイツのビールジョッキには、目盛りがついていて、その目盛りまできっちり入れなくてはいけないと決まっているそうです。

ビアホールもたくさんあり、ミュンヘンではヒトラーが演説したビアホールに行きました。ヒトラーはオーストリア生まれですが、ミュンヘンで活動を始めました。私は酒が飲めないので、そのビアホールは見ただけですが、ミュンヘン市役所の地下のレストランでミュンヘン名物の白ソーセージを食べました。ドイツは地方によって名物のソーセージがあるので、食べくらべてみても楽しいですよ。（池上）

私もお酒は飲めませんが、ヒトラーが演説をしたビアホールで食事をしました。白ソーセージのほかに、シュパーゲルという白アスパラガスを食べました。シュパーゲルはドイツ人にとって春を告げる期間限定の食べ物。出荷期限が法律で定められているんです。茹《ゆ》でてバターとレモン果汁、卵黄で作ったオランデーズソースをかけていただくのですが、シャキシャキしておいしかったですよ。（増田）

ドイツのファストフード・カリーブルスト

カリーブルストは、ソーセージ（ブルスト）の上にケチャップがベースのソースとカレー粉が振りかけられているドイツのファストフード。屋台のようなお店や、駅前の一角にある小さなお店で売られていることが多いです。お店によっては、フライドポテトがついてきたり、オーガニック素材にこだわっていたりします。

私は、週末にブランデンブルク門の近くに出ていた屋台と、フンボルト大学近くの駅前にある小さなお店の2か所で食べました。駅前の店はオーガニック素材にこだわっていたので、値段は高めでしたが、とってもおいしかったです。話を聞くと、ケチャップのようなソースにも、何種類ものスパイスがブレンドされているんだとか。熱々のソーセージをふうふう言いながら街角で食べるのがおいしくいただくコツ！　機会あらば、ぜひお試しあれ！（増田）

フランスでは、ここも見る！
「混沌」とした魅力を象徴するパリ

フランスには移民や教育の取材で、数えきれないぐらい行っています。新型コロナウイルスの感染が広がる前までは、毎年行っていて、多いときは年に数回行くこともありました。はじめて行ったのは、２００６年ごろで、マルシェ（市場）がたくさんあり、楽しかった記憶があります。マルシェの広さは、場所によりますが、最近はＢＩＯ（オーガニック）のものが充実しています。

フランスの魅力を一言で表すとしたら、混沌としたところでしょうか。いい意味でも悪い意味でも個人主義で、人間味を感じます。たとえば北欧だと、取材も約束した予定を守ってくれるし、時間通りに終わります。ですから大した問題が起きません。一方、フランスは、相手の都合が優先されて、取材も予定通りにいかなかったり、ひどいときにはすっぽかされてホテルで涙したこともありました。今となっては懐かしい思い出ですね。

そんなフランスの魅力を象徴するのがパリ。端から端までメトロで30分ぐらいで、意外とコンパクトですが、地域によって雰囲気が違います。

私が2回目にパリに行ったときに訪ねたのが、18区のシャトールージュという移民の多い地区でした。パリと聞いてイメージするのとは、まったく違う雰囲気の街です。

無料でクスクスを食べさせてくれるカフェがあると聞き、興味を惹かれて行ってみたのがきっかけです。ワンショットを頼んで、クスクスを待っていると、4人ずつ座るテーブルに、どんとお鍋が出てきました。牛筋と野菜を煮込んだスープをかけていただくシンプルなクスクスだったのですが、後にも先にも、これまで食べたなかでいちばんおいしいクスクスです。

18区は、映画にもなったキャバレー「ムーラン・ルージュ」やパリを一望できるモンマルトルの丘もありますし、映画「アメリ」もここで撮影されました。ちなみにパリでは、クスクスをはじめ北アフリカのお料理も楽しめます。

また、パン好きの私は、パリのパン屋さん（ブーランジュリー）に行くのも楽しみのひとつです。フランスではバゲットの大会があって、優勝すると1年間、大統領官邸のエリゼ宮におさめることになっています。モンマルトルの丘のふもとにある、グルニエ・ア・パンもバゲットの大会で2回優勝。東京にもいくつか店舗があって、本場の味を楽しめます。私のお気に入りはエスカルゴ形のパンにレーズンが入っている「パン・オ・レザン」です。

クリスマスの季節であれば、クリスマスマーケットもおすすめです。私が訪れたのはドイツとの国境にあるストラスブールのクリスマスマーケットですが、パリはもちろん、いろいろなところで開かれています。11月下旬から1か月ほど開かれていて、クリスマスの飾りをはじめ、かわいい小物、ホットワインやお菓子などが楽しめます。ちなみに、クリスマスの飾りは、クリスマスが終わってすぐにしまわれるのではなく、1月末ごろまで飾ってあります。

　また、パリで待ち合わせをするときは、カフェが便利です。メトロの駅の出口は何か所かあるので、駅前近くのカフェが目印になります。私がいつも頼むのは、ショコラショー（ホットチョコレート）です。寒いときは温まりますし、コーヒーはお店によって味にばらつきがありますが、ホットチョコレートの味は安定しています。

　カフェを出る前にお手洗いもすませ、その日の用事にでかけます。一般的にヨーロッパは、日本ほど安全できれいな公共のトイレはあまりないので、トイレをどこですませるかもポイントです。

　パリは街並みがきれいですし、いろいろなお店が並んでいるので、歩いているだけで楽しいですよね。美術館も充実していますし、それぞれの楽しみ方ができる街だと思います。ぜひあなたのお気に入りを見つけてくださいね。（増田）

ハンガリーでは、ここも見る！
「素朴」な魅力を感じるブダペスト

ハンガリーにはこれまで取材で5回行きましたが、印象を一言で表すとしたら、素朴という言葉が似合う街だと思います。新しすぎないし、古すぎない。都会だけど、都会すぎない。首都のブダペストもコンパクトで観光しやすいですし、人も親切です。

ハンガリーは基本的にカトリックの国ですが、ブダペストにはユダヤ人街があって、ユダヤ教の教会であるシナゴーグがいくつもあります。ヨーロッパで一番大きいシナゴーグがあるのも、ここブダペスト。建物が美しく、ステンドグラスもあり、カトリックの教会みたいでした。敷地内には、ホロコーストで犠牲になった方たちのお墓や名前を刻んだ記念碑もあります。

ナチスドイツが去った後、ハンガリーは旧ソ連に組み込まれていきました。そんなハンガリーの歴史を感じるのが「恐怖の館」です。ナチスドイツ時代はナチスとそっくりなハンガリーの「矢十字党《やじゆうじとう》」の本部、その後の社会主義の時代には秘密警察の本部として使われていました。地下の牢獄なども残っていて、見学できます。実際にここで起こったことを突き付けられ、怖いというか、何とも言えない気持ちになりました。

もちろん楽しい観光地もたくさんありますよ。意外に思われるかもしれませんが、ハンガリーは温泉大国。国内におよそ80か所の温泉があります。一番有名なのはブダペストの市民公園に臨接するセーチェーニ温泉。いまからおよそ100年前に建てられたローマ風建築で、温泉に浸かりながらチェスをするオジサンたちの姿が名物です。そのほか、ハンガリーにはかつてオスマン帝国だった時代の建物をそのまま使っている温泉もありますので、ぜひ行ってみてくださいね。

また、ハンガリーを代表する陶器ヘレンドの博物館と工場も、ブダペストから日帰りできる距離にあります。ヘレンドは高価なので、私も小さな置物だけ記念に買いましたが、ティールームでは、豪華なヘレンドのカップでお茶をいただけます。

そしてお茶といえば、ハンガリーでは、カフェ文化も楽しめます。ハプスブルク皇妃エリザベートが通った老舗カフェなど、歴史あるカフェがたくさんあります。ハンガリー人からすれば、カフェの発展はウィーンより私たちが先！ という思いもあるようです。

食事も素朴でおいしいです。たとえばフランスだと、ソースが凝っていて甘酸っぱいものなどは好みがあると思いますが、ハンガリーはシンプルな塩味だったり、煮込みだったりと日本人の口にも合います。豚肉をよく食べるので、いろいろな豚肉料理があります。くるくる巻き毛のマンガリッツァ豚は、ハンガリーの国宝なんですよ。

また、ハンガリーはオペレッタの本場です。オペレッタは、コミカルな楽しさのある、軽いオペラで、日本人指揮者の金井《かない》俊文《としふみ》さんも活躍しています。機会があれば、ぜひオペレッタも観てみてくださいね。（増田）

第6章

ついにNATO加盟へ 世界一しあわせな国フィンランド

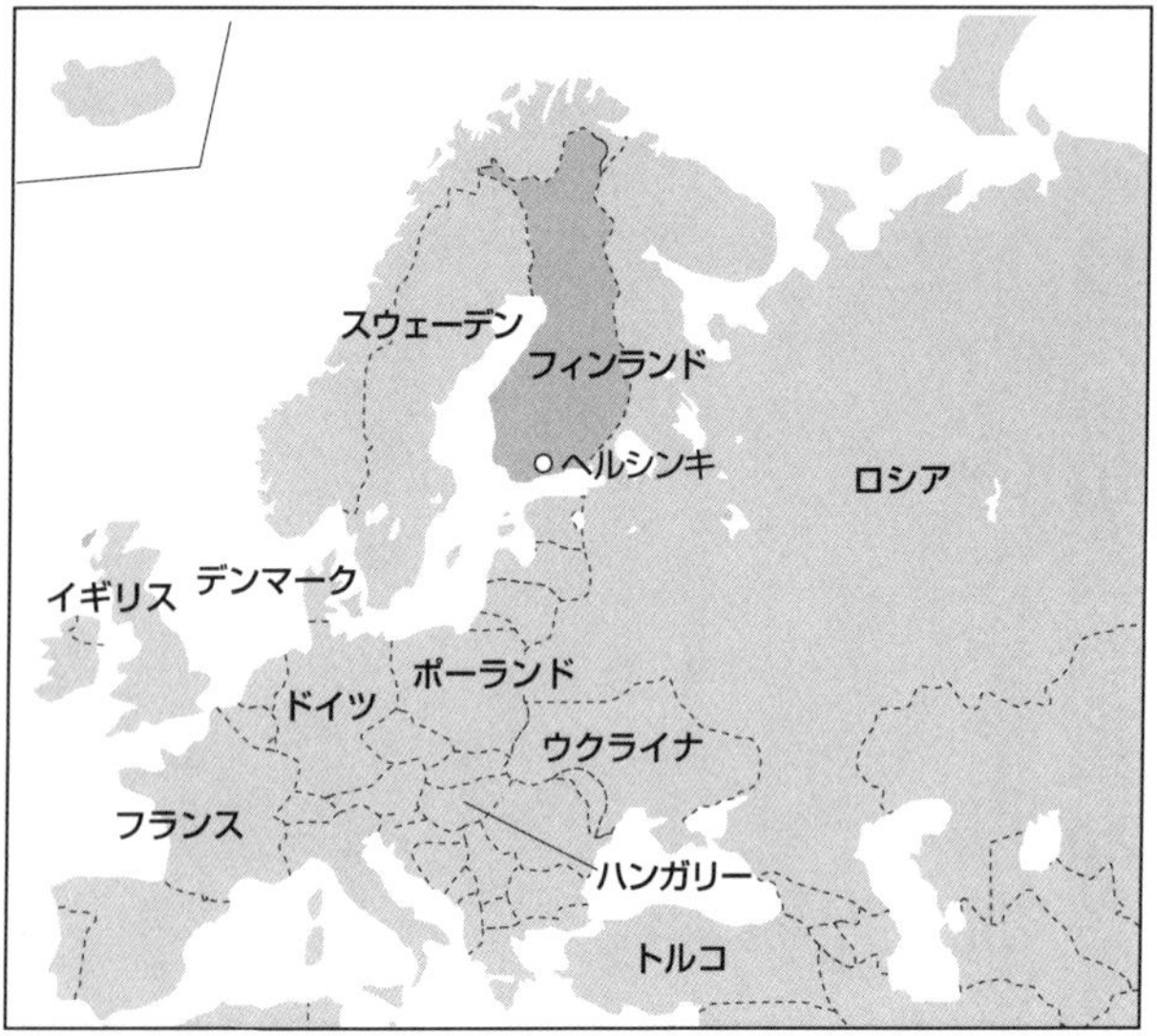

Republic of Finland

フィンランド共和国

人口

約550万人

首都

ヘルシンキ

言語

フィンランド語(95%)スウェーデン語(5%)

宗教

キリスト教(プロテスタントほか)

ロシア抜きには語れない悲しい歴史

池上　フィンランドといえば、NATO（北大西洋条約機構）加盟で注目を集めました。ロシアと国境を接していて、常にロシアを脅威に感じてきた歴史があります。18世紀には、ロシアの支配下に入っていたこともありますよね。

増田　東西冷戦が始まり、西側諸国はNATOを作りますが、フィンランドとスウェーデンは、ソ連を、ソ連崩壊後はロシアを刺激しないようにと加盟していませんでした。

池上　ソ連崩壊後、東欧諸国が次々にNATOに加盟し、プーチン大統領は、NATOを警戒していたんですよね。だからウクライナがNATOに加盟しないように圧力をかけ、結果的にはウクライナを攻撃しました。けれど、それがきっかけで、フィンランドとスウェーデンがNATOに加盟することになり、サッカーでいうとプーチン大統領のオウンゴールになってしまいましたね。

増田　フィンランドに取材に行ったときに驚いたのですが、地下の駐車場や学校に核シェルターがあるんです。

池上　ふつうのシェルターではなく、核シェルターなんですね。

増田　そう、核戦争になったときのことを考えているんです。どれだけロシアを脅威に感じているかが伝わってきました。

フィンランドの人たちは、独立を保つには、フィンランド語を維持し、フィンランドの文化を維持することが不可欠だと考えていて、フィンランド語をとても大切にしています。

でもじつは、14世紀には、スウェーデンに支配されていたこともあり、いまでも国内にはスウェーデン語を話す人がいるので、公用語はフィンランド語とスウェーデン語の2つなんですよね。

世界トップクラスの教育

池上　NATO加盟を決断したサンナ・マリン首相は、就任したときは世界最年少（当時34歳）の首相として話題になりましたね。フィンランドでは、それ以前にも女性の首相がいたことがあり、女性であることは珍しいことではありませんでした。でも、その若さもあって、日本はもちろん、欧米でも話題になりました。

増田　マリン首相が注目を集めたのは、その生い立ちもありましたよね。幼いころに親のアルコール依存症や離婚を経験するなど、貧しい家庭に育ったそうです。その後、母親とその女性パートナーに育てられました。最近ではレインボーファミリーなんて言い方をしますが、マリン首相が子どもの時期には、まだそうした環境をオープンにできる社会ではなく、疎外感を味わったと聞きます。

池上　マリン首相が「フィンランドの福祉と教育制度がなければ、ここまでくることは不可能だった」と言っていたのが印象的でした。増田さんは、フィンランドに足しげく通って取材をしていましたよね。

増田　はい、教育現場を中心に取材を続けてきました。２０００年にＯＥＣＤ

（経済協力開発機構）がPISAという国際学力調査を始めたのですが、最初のころからトップクラスの成績を収めていたのがフィンランドでした。PISAは義務教育修了後の15歳の学力をはかるもので、読解力に加え、科学的・数学的な思考力も問われます。

池上　確かに、最初にこのニュースが報道されたとき、「なぜフィンランドが1位なのか？」と疑問を持ちました。人口520万人（当時）ほどの小さな北欧の国なのに、どんな教育をしているのだろうって。

増田　だから、私も取材に行こうと思ったわけですが、教育の現場を見れば見るほど、特別なことはしていない、当たり前のことしかしていない、ということに気づきました。日本のような学習塾もなく、私立の学校も外国人のためのインターナショナルスクールなども、ごくわずかしかありません。ほとんどの子が公立の学校に通います。

　では、公立の学校すべてが理想的な環境にあるのかといったら、そうではないんですね。たとえば、首都ヘルシンキから小一時間車を走らせれば、そこは農村地帯で、児童の数も数十人。人数が少ないので、2学年一クラスで、担任の先生は同じ教室にいる学年の違う子たちそれぞれに違う科目を教える、ということをしていました。

池上　いわゆる複式学級ですね。私も増田さんに誘われて、フィンランドの学校訪問のツアーに参加しました。小さな木造校舎の小学校に行ったときのことはよく覚えています。挨拶にきた校長先生が、その地域の3つの小学校の校長をかけもちしていると聞いて驚きました。

増田　池上さんが驚いていたのは、給食でしょう。「えーっ、これだけ⁉」なんて大声を出すから、一緒にいた私は冷や汗ものでしたよ（苦笑）。

池上　だって、お皿の上にあるのは、炒めたジャガイモとバターを塗ったクラッカー、それに牛乳ぐらい。教育費は無償、給食も無料と聞いていたけれど、とても質素な給食でした。日本ではしばしば給食費のことが取り上げられますが、日本の給食はやはり素晴らしいとつくづく感じましたね。

増田　世界中から視察団が来るくらい、日本の給食の素晴らしさは評価されていますからね。

池上　フィンランドで教育に力を入れるようになったきっかけのひとつは、ソ連崩壊後の危機だったんですよね。ソ連、その後のロシアとの貿易が急減し、1990年代半ばには失業率が18パーセントを超え、失業者に対して生活保護を続けるか、教育を充実させて自立を促すのか。客観的な数字を出して冷静に分析し、教育に力を入れていく方向に舵を切ったのが、当時20代後半の教育大臣だったと知ったときには、心底驚きました。

増田　教育の機会を平等に与えて「よき納税者を育てる」ことのほうが、国家財政にとってプラスになる、という計算をしたんですよね。

池上　説得力がありますよね。だから、国民も税金が高くても納得しています。

増田　フィンランドの教育の強みは、特別なエリートを育てるわけではなく、底上げをして落ちこぼれをつくらないという点でした。

池上　そのおかげもあって、フィンランドは、マリン首相のような人材を輩出することができるんですね。

5年連続！　世界一しあわせな国に

増田　じつはフィンランドでも少子高齢化が進み、非正規雇用も増え、地方に行けば過疎化で財政難だという話も聞きます。それでも、国連が毎年発表している幸福度ランキングで、２０１８年から5年連続で幸福度世界1位の座に輝きました。北欧5か国は、すべてトップ10に入っています。

池上　北欧の国は、全般的に社会保障が手厚いこと、教育が充実していることが主な要因ですよね。その分、税金が高いし、物価も決して安くない。最近では、スウェーデンのグレタ・トゥーンベリさんが注目を集めたけれど、環境問題に関する意識も高い。

増田　フィンランドは世界で唯一、学齢期の子どもと過ごす時間が、父親のほうが母親より長いそうです。日本の母親からしたらうらやましい話です。

池上　小さい国で国土も決して豊かではないためか、男女同権思想が定着しています。男女が一緒に力を合わせて国を維持していかなければならないとね。街を歩きながら、そんなフィンランドの歴史にも思いを馳せてみてくださいね。

池上&増田流　ヘルシンキの歩き方

1　マリア像のないシンプルなプロテスタントの教会
ヘルシンキ大聖堂・カンピ礼拝堂・テンペリアウキオ教会

フィンランドは、キリスト教のなかでもプロテスタントの人たちが大半で、人口の8割近くを占めるキリスト教の国です。

ヘルシンキの中心部には、ランドマークともいえるヘルシンキ大聖堂がありますし、中央駅のそばには木の教会であるカンピ礼拝堂、そこから歩いて10分ほどの場所には、石の教会として知られるテンペリアウキオ教会があります。

ヘルシンキ大聖堂は、19世紀に建てられた歴史ある建造物です。晴れた日には、緑と白のコントラストが美しい建物が青空に映え、眺めているだけで清々しい気持ちになります。

カンピ礼拝堂は、２０１２年に完成。私がはじめてこの礼拝堂を訪れたのは、できてからまだほんの数日しか経っていないときでした。最初に目にしたときには、教会だとわからなかったほど。もみの木でできているという外観は、大型船の船底を思わせるような巨大な曲線の建物で、内部は照明がとても明るく、驚くほどの静寂に包まれていました。

テンペリアウキオ教会は、こちらも一見した限りでは教会とは思えない円形の建物です。石垣でできた外壁とドーム型の天井。氷河期にできた小さな岩山をくりぬいて作られた建物内部は、半地下室のような構造です。中に入ると、ガラス張りの天窓から太陽の光がやわらかく降り注ぎ、その光が壁に反射して体ごと包みこんでくれるような心地良さを感じます。

私が訪問したときには、信者の方がパイプオルガンの練習をしていました。一般の教会は、尖塔型《せんとうがた》で天井が高いところが多いのですが、この教会は円筒形の石造りという特殊な構造のため、パイプオルガンの音色が室内全体に広がっていました。

モダンな雰囲気のテンペリアウキオ教会。プロテスタントの教会のため、シンプルなつくり。

ここで紹介したのは、すべてプロテスタントの教会です。室内には十字架と説教台、それに『聖書』が置いてある程度で、カトリックの教会のようにマリア像などはありません。シンプルなつくりが特徴です。ぜひそんなところにも注目してみてくださいね。(増田)

2 ロシア支配下で建てられたウスペンスキー大聖堂

ヘルシンキ大聖堂から港に向かって歩いていくと、丘の上に赤いレンガ色の壁に緑と金色のトン

東方正教会の室内前方にあるイコノスタシス。ジョージアの首都トビリシのジョージア正教会にて撮影。

ガリ屋根の建物が見えてきます。ウスペンスキー大聖堂です。東方正教会のひとつロシア正教の教会で、北欧では最大級。フィンランドがロシアに支配されていた18世紀に建てられました。

東方正教会の教会の室内前方には、イコン（聖像画）をつい立てのように仕立てたイコノスタシスがあります。そこには『聖書』に登場する聖人が描かれていて、美しく見ごたえがあります。

東方正教会の教会は、礼拝を行う場所にはなにも置かれておらず、椅子なども基本的にありません。東方正教会の礼拝は、立ったまま行うからです。イコノスタシスがあったら、東方正教会だと思ってくださいね。（増田）

3　ロシア帝国に対抗するための要塞

スオメンリンナ島

フィンランド湾に浮かぶ島にも、見所があります。マーケット広場前の港から、フェリーに乗って15分。世界遺産であるスオメンリンナ島に到着します。

スウェーデンに占領されていた18世紀に、ロシア帝国に対抗するための要塞が建てられ、その後フィンランドがロシアに占領された19世紀には、クリミア戦争の前線基地となり、イギリスやフランスの砲撃を受けました。端から端まで歩いて20分ほどの島には、大砲なども残っていて、当時の様子をしのびながら散策することができます。

フィンランド湾を挟んでお隣の国、バルト三国のエストニアの首都タリンにもヘルシンキから日帰りで行くことが可能です。同じ港から高速船に乗って1

世界遺産のスオメンリンナ島。大砲も残っている。

時間半。タリンの旧市街も世界遺産に指定されていて、城塞に囲まれた街の中に中世の面影を残す建造物が当時の姿のまま残っています。（増田）

フィンランドの書店＆図書館巡りも楽しい

池上さんはどの国でも書店に行くようですが、私も旅先でよく書店に行きます。ヘルシンキで一番大きな本屋さんは、アカデミア書店。私が最初にフィンランドを訪れた日に、まず足を運んだのがこの本屋さんでした。

お目当ては「ムーミンの絵本」。ムーミンはフィンランド生まれなんですよね。日本では可愛らしいアニメキャラクターとして浸透していますが、作者のトーベ・ヤンソンさんの原作は、もっと政治的で社会風刺的な要素が込められていたと聞いていたからです。

実際に手にとってみると、黒い線を巧みに使った暗いイメージの絵本が多く、それまでイメージしていたムーミンとはまったく違ったものでした。この絵本をきっかけに、トーベ・ヤンソンさんに関心を持つようになり、そのこともフィンランドを理解する助けになったように思います。当時買った絵本は、日本円にして2000円前後だったと思います。決して安くない買い物ですし、しかも重かった！　ので、本は買いすぎないようにご注意を（笑）。

アカデミア書店の2階には、カフェ・アアルトがあります。文字通り、建築家アアルトがデザインしたお店で、映画「かもめ食堂」にも登場します。混んでいることも多いのですが、コーヒーとベリーのタルトがおいしかったです。

また、読書好きでも有名なフィンランドの人たち、どこに行っても図書館が充実していて飽きることがありません。建物のつくりやデザイン、本の並べ方も目で見て楽しめるところが多いです。

　中でもヘルシンキ中央図書館Oodiは、従来の枠組みを超えた文化施設で、人々が交流するリビングルームがコンセプト。映画館や工房などがあり、３Ｄプリンターの貸し出しまで行っています。また地方都市に行っても、建築デザインから蔵書まで充実している図書館が多いので、ぜひ図書館もチェックしてみてくださいね。（増田）

コーヒータイムを大切にするフィンランド

　フィンランドは世界有数のコーヒー消費国で、フィンランドの人たちは甘いお菓子やパンをおともにお茶をするのが大好きです。私はおもに学校現場に取材に行っていましたが、いつでも必ずコーヒーと菓子パンが用意されていて、すすめられました。冬が長いので室内で生活する時間が多く、コーヒータイムを大事にしているんですね。

シナモン・ロールをはじめ、生クリームを挟んだプッラというパンや、フィンランドを代表する詩人ルーネベリにちなんだルーネベリタルトなども現地ならではのものでしょう。

ルーネベリは、フィンランド国歌を作詞した人です。ルーネベリタルトは、1月から彼の誕生日である2月5日までの一定期間だけ登場し、円柱形の珍しい形で、タルトの上にはリンゴやラズベリーのジャムが載っています。彼が妻の作ったタルトが大好きだったことから、お店で買ったり、家庭で作ったりして楽しむ国民的お菓子となったそうです。立春のころにお目見えすることから、春を告げるお菓子としても親しまれています。

カレリアパイも、フィンランドを代表するパイで、ライ麦で作った生地を楕円形にのばし、ふちを土手になるようにつまんで成形し、真ん中にミルクがゆを載せて焼いたものです。

またフィンランドのお菓子といえば、強烈なお味のするサルミアッキというグミのようなお菓子があります。現地在住の日本人の方に聞くと、「最初はなんてマズいんだろうと思っていたけれど、クセになる味で、今では手放せない」とか。甘草が成分に含まれているので、ちょっと漢方薬っぽい味がします。血行をよくする成分が入っているので、極寒のフィンランドで食べるのは理にかなっているんですね。よく、ガイドブックには、マズすぎるのでシャレでお土産にどうぞ、というような紹介をされています（笑）。

冬が長いお国柄なのでしょう、スープ屋さんも人気があります。私が食べたことがあるのは、サーモンやじゃがいもの入ったミルク仕立てのスープ。ヘルシンキは、ひとり旅でも気軽においしい食事がとれます。ぜひいろいろ試してみてくださいね。（増田）

コラム　教会を見れば、宗派の違いがわかる！

キリスト教は、ローマ帝国の国教となったことで、広まりましたが、ローマ帝国の分裂を受け、キリスト教も同じく分裂しました。ローマを中心とするカトリックと、コンスタンティノープル（イスタンブール）を中心とする東方正教会です。

そして16世紀に宗教改革が起こり、プロテスタントが生まれます。カトリックが資金集めのために「贖宥状《しょくゆうじょう》」、いわゆる「罪が赦される札」を販売し始め、金を出せば罪が赦されるのかと疑問を抱いたドイツの神学者ルターが批判したのが始まりでした。

キリスト教は、宗派がたくさんあり、複雑な印象があるかと思いますが、まずはカトリック、プロテスタント、東方正教会の３つの宗派の違いをおさえておけば、大丈夫です！　ここでは、３つの宗派の違いを見ていきましょう。

キリスト教の主な３つの宗派

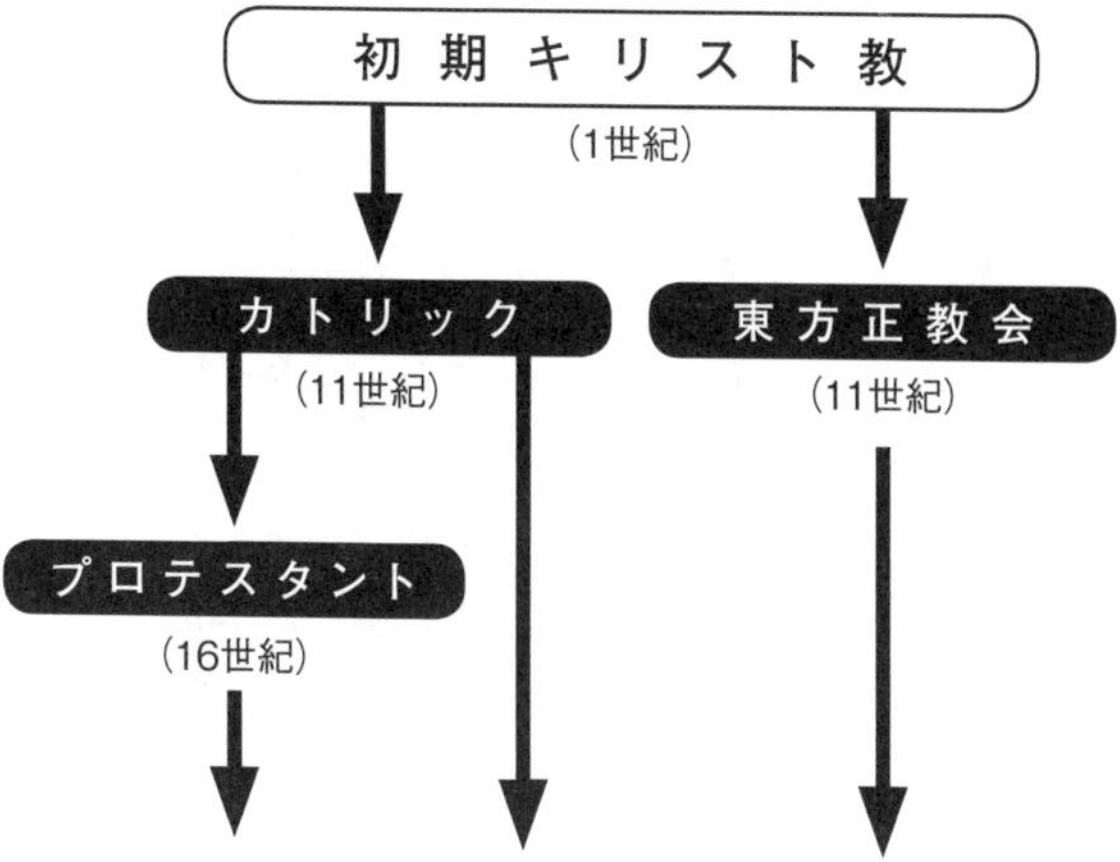

カトリックは神父、プロテスタントは牧師

　カトリックとプロテスタントで決定的に違うのが、信者を導く立場の人です。カトリックの場合は、神様と人間の間に神父がおり、プロテスタントは人間と同等の立場に牧師がいると考えます。神父と牧師、呼び方も違います。ちなみに、東方正教会でも神父と呼びます。

　また、カトリックは、ローマ教皇を頂点とするピラミッド構造で、世界中の教会を統率しています。総本山がバチカンにありますね。一方、プロテスタントは、ルター派など流派ごとに国を超えてつながってはいますが、カトリックのようなピラミッド構造はありません。

東方正教会も、カトリックのような全世界の正教徒を統率する仕組みはなく、それぞれの地域の政治権力と結びつき、ロシア正教会、ギリシャ正教会、ルーマニア正教会などと独立した存在となっています。

ちなみにカトリックでは、離婚は禁止されていますが、プロテスタントでは禁止されていない派もあります。東方正教会では、基本的に離婚はしてはいけないことになっていますが、カトリックほど厳格ではないようです。

カトリックは豪華、プロテスタントはシンプル

カトリックの教会は豪華なものが多いです。教会に権力があり寄付を集めていた影響で、歴史的に教会が豪華になっていったと言われています。

カトリックの教会には、ステンドグラスやマリア像などの聖像があります。プロテスタントは、カトリックから抗議（プロテスト）して出ていったので、教会は基本的にシンプルです。十字架と『聖書』が置いてあるぐらいで、お祈りをする場所があればいいという考え方です。ただしカトリック教会を引き継いでプロテスタントの教会にするなど来歴によっては内部が華やかな教会もあります。

カトリックでは、『聖書』は、ギリシャ語かラテン語で書かれていたので、庶民は読めませんでした。だから、『聖書』の内容をステンドグラスなど絵に描いて説明していたんですね。

一方、プロテスタントでは、一般の人も『聖書』が読めるように、それぞれの言語に訳しました。だからプロテスタントの教会では、ステンドグラスなどが必要なくなったというわけです。

東方正教会の教会には、キリストをはじめとした聖人を描いたイコン（聖像画）をつい立てのように仕立てたイコノスタシスがあります。イコノス

3つの宗派の教会の違い

カトリック	ステンドグラスや聖像があり、豪華なつくり
プロテスタント	十字架と聖書があるぐらい、シンプルなつくり
東方正教会	イコノスタシスがある。立ってお祈りをするため、机と椅子がない

タシスは、礼拝を行う場所と、司祭を任命する儀式などを行う場所とを区別するために作られたものです。

また、東方正教会は立ってお祈りをするため、机や椅子は置いてありません。ただ最近は、お年寄りのために机と椅子を置くところも増えてきました。

東方正教会のなかでは、ロシア正教の教会は、内部が豪華なことが多いようですが、東欧の正教会の建物は、素朴で内部も質素な雰囲気のところが多いように思います。ロシア正教というと、カラフルな玉ねぎ屋根を思い浮かべる方も多いかもしれませんが、これはロシアの建築で、東方正教会の特徴ではありません。

　このように教会は、建てられた時代や地域によっても違いがあります。教会に行ったら、宗派の違いにもぜひ注目してみてくださいね。（増田）

スウェーデンでは、ここも見る！
受賞者の気分になれる!?　ノーベル博物館

スウェーデンといえばノーベル賞。ストックホルムの旧市街にノーベル博物館があります。建物は18世紀に建造されたもので、ノーベル賞や創設者のアルフレッド・ノーベルについて詳しく説明されています。

博物館の中にあるレストラン「ビストロ・ノーベル」では、受賞晩餐会で供されるパフェを食べることができます。ここでぜひノーベル賞受賞者の気持ちになってみてくださいね（笑）。

ちなみに晩餐会に出席した吉野彰《よしのあきら》さんの話によると、晩餐会の食事はそれほどの量があるわけではなく、すぐに食べ終わってしまったとか。食べ終わっても、周囲の人と会話を続けるのが、晩餐会のしきたりだそうです。

それはともかく、このお店に入ったら、ぜひ椅子の裏を見てくださいね。ノーベル賞受賞者の直筆のサインがあります。ノーベル賞受賞者は、ここの椅子にサインすることになっているからです。私はここで歴代の日本人受賞者のサインを発見しました。また博物館では、ノーベル賞のメダルをかたどったチョコレートを売っています。

ちなみにノーベル賞はダイナマイトを発明したスウェーデン人のアルフレッド・ノーベルの遺言で創設されたことは有名です。本人は大規模な土木工事に貢献するダイナマイトを発明し、巨万の富を築いたのですが、「死の商人」などと批判を受けたため、人類の発展に貢献した人に賞を送りたいという遺言を残し、彼の死後、1901年から始まりました。

物理学、化学、生理学・医学、文学、平和の5分野があり、1968年にスウェーデン国立銀行の寄付で「経済学賞」が新設されました。厳密にはノーベル賞ではありませんが、同様に扱われています。

選考は、物理学賞、化学賞、経済学賞の3部門についてはスウェーデン王立科学アカデミー、生理学・医学賞はスウェーデンのカロリンスカ研究所、文学賞はスウェーデン・アカデミー、平和賞はノルウェーのノーベル委員会が行います。

平和賞だけが、なぜノルウェーなのか。当時、スウェーデンとノルウェーは同君連合つまり王様が同じだったのですが、ノルウェーがスウェーデンの支配を嫌って離脱の動きがあったため、それを悲しんだノーベルが、あえてノルウェーに選考を委ねたとも言われます。

また、一時ノーベルの秘書を務めたことがある平和活動家のベルタ・スットナーの影響を受けて平和賞を創設したと言われています。独身だったノーベルが、夫のあるスットナーに密かに思いを寄せていたという説もあります。

やがてスットナーはノーベル平和賞の初の女性受賞者になります。ノルウェーの選考委員会が、ノーベルの想いを実現させたのでしょうか。(池上)

デンマークでは、ここも見る！
国会議員も自転車通勤！

デンマークを訪れると、自転車の多さに驚きます。歩道と自動車道の間には必ず自転車専用レーンが設けられています。自転車専用レーンに慣れていない私は、つい自転車専用レーンを歩いたり、立ち止まったりして、自転車利用者からしばしば怒られました……。

さらに驚くのは国会議事堂の前に巨大な駐輪場があること。国会議員の多くも自転車で通勤するからです。

デンマークはなぜ自転車大国なのか。デンマークの人たちの環境意識が高く、二酸化炭素を出す自動車を敬遠して自転車を使うという側面があることは確かですが、それだけではありません。

まずデンマークは平地が多く、坂道が少ないので自転車を使いやすいという事情があります。街の規模も大きくなく、自転車で気軽に行ける距離の場所が多いという事情もあります。

もうひとつは自動車の価格が高いこと。デンマークの付加価値税（日本の消費税のようなもの）は25パーセント。軽減税率の仕組みはなく、生鮮食料品の税率も同じです。これだけの財政収入によって、デンマークは教育費も医療費も無料なのですね。

また、自動車メーカーがなく、自動車はすべて輸入しなければなりません。このため国産自動車メーカーを守るという政策をとる必要がなく、自動車に高い取得税を課すことができます。日本車は、デンマーク国内で購入しようとすると日本国内の倍もします。

その結果、国民の10人に9人は自転車を持っていますが、自動車保有者は10人のうち4人と言われています。こんな背景もあって、自転車大国なのです。

かつて中国は自転車大国と呼ばれました。国民が貧しく、自動車を買えなかったからです。しかし、デンマークを見ると、現代の自転車大国とは、豊かな先進国ではないかと思います。

もうひとつコペンハーゲンで印象に残っているのが、チボリ公園です。1843年に建設された歴史あるテーマパークです。中に入ると、何とも昔懐かしいという感じがする古めかしい乗り物や遊具が並んでいます。デンマーク版「浅草花やしき」というところでしょうか。

えっ、浅草花やしきを知らない？　台東区浅草の浅草寺のそばにある遊園地です。開園は1853年で、日本最初の遊園地とされます。初の国産で、日本で現存最古のローラーコースターがあります。あまりに古いのでスリル満点です（笑）。

思わず脱線しましたが、たとえ古くても、「これが、かのチボリ公園かあ」と思って見て回ると、やはりウキウキします。「人魚姫」などの童話で有名なアンデルセンも訪れ、童話の構想を練っていたと伝えられています。

ウォルト・ディズニーも、チボリ公園をしばしば訪れ、ディズニーランドの構想を練ったと言われています。チボリ公園は、子どもたちが楽しむ乗り物が多く、大人は子どもが降りてくるのを待っている、というものが多いのですが、これを見たディズニーは、「親子で楽しめるアトラクションを」と考えたといいます。

チボリ公園を訪れる際は、開園しているかどうか事前に確認を。というのも毎年4月から9月にかけての営業だからです。それ以外はハロウィンとクリスマス前後を除いて閉鎖されます。冬は寒いですからね。でも、商売っ気がないような気もします。（池上）

第7章

女王陛下から国王陛下へ
ブレグジット後のイギリス

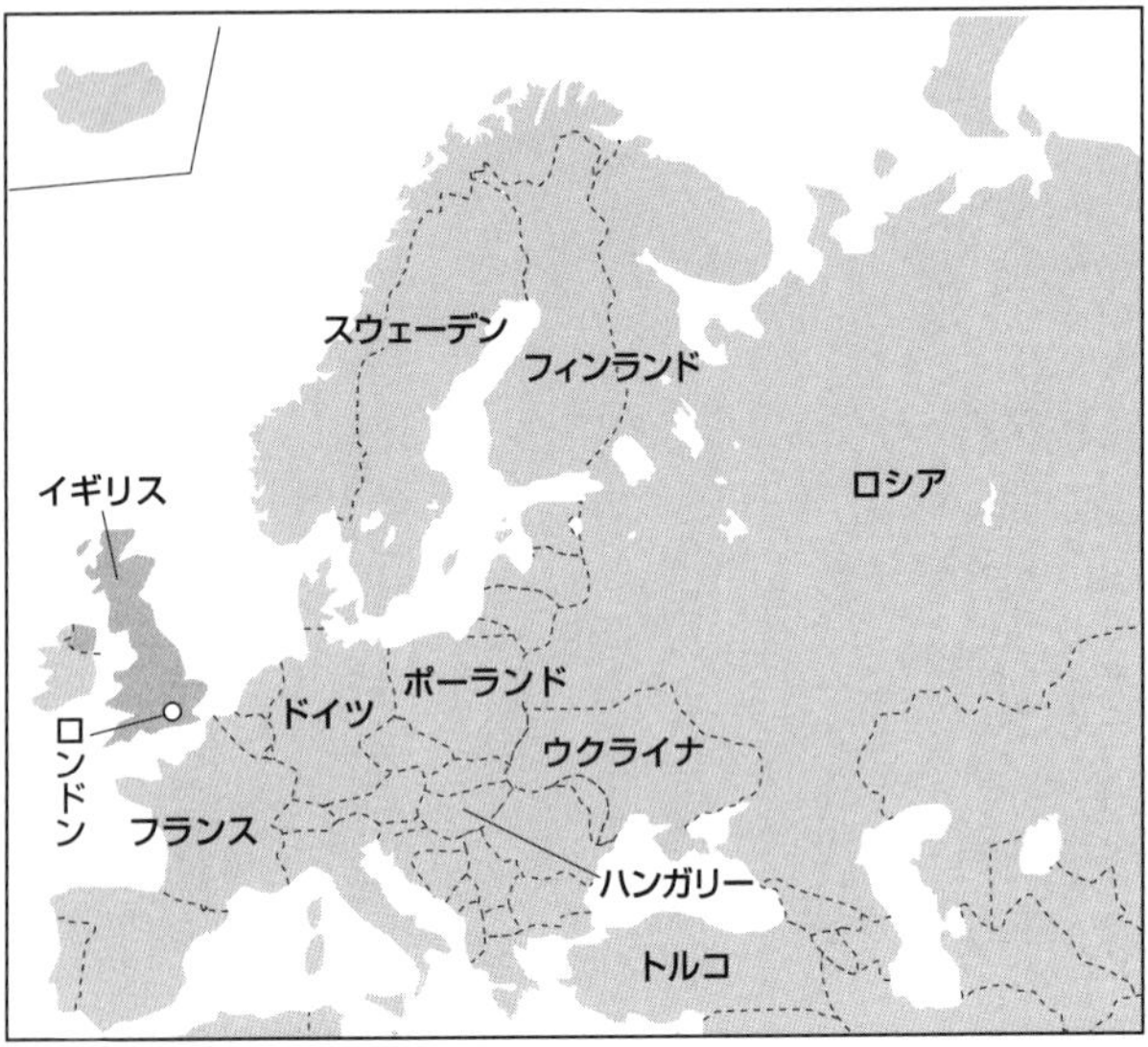

United Kingdom of
Great Britain
and Northern Ireland

英国（グレートブリテン及び
北アイルランド連合王国）

人口

約6700万人

首都

ロンドン

言語

英語

宗教

キリスト教（イギリス国教会ほか）

激動のイギリスを見つめ続けたエリザベス女王

増田　歴史と伝統のある国イギリス。はじめてロンドンに行き、バッキンガム宮殿で衛兵の交替式を見た時には、感激しました。王国なんて、おとぎ話の世界というイメージでしたから。

池上　イギリスは、英語の略称がUnited Kingdomです。訳すと連合王国なんですよね。その王国の君主であったエリザベス女王は、70年にわたって在位し、2022年9月8日に96歳で亡くなりました。25歳で即位して、イギリスのEUへの加盟から離脱（ブレグジット）まで、激動の道を歩んだイギリスを見つめ続けてきました。

増田　歴代最長で、国民に愛された女王でしたよね。ユーモアもあり、お茶目な面もありました。

池上　ロンドンオリンピックの開会式で、ジェームズ・ボンドと共演した映像で沸かせたりもしましたね。

増田　女王は、オーストラリア、ニュージーランド、カナダをはじめ14か国の英連邦王国の君主でもあったんですよね。

池上 日本の人には、イギリスの女王がほかの国の君主でもあるということがイメージしにくいかもしれないのですが、これらの国は、もともとイギリスの植民地で、平和裏に独立しました。いまでも英連邦王国の一員で、現在はチャールズ国王が君主になったわけです。ちなみにアメリカは、独立戦争を経て独立したので、英連邦王国には入っていません。

増田 イギリスは、アメリカを「特別な関係」と位置付けていますが、女王の葬儀では、バイデン大統領よりも前に、これらの英連邦王国の首脳たちが座っていましたね。

池上 ただこれらの国でも、チャールズ国王はエリザベス女王ほどの人気はありません。女王の死去をうけ、国王を君主とする君主制ではなく、選挙で元首、いわゆる大統領を選ぶ共和制支持が勢いを増すだろうと言われています。

実際に、ニュージーランドのアーダーン首相は「すぐではないが、私が生きているうちに共和制になるだろう」と共和制に移行する可能性に言及しました。

王様が離婚するためにつくったイギリス国教会

池上　女王の国葬は、ロンドンのウェストミンスター寺院で執り行われました。ウェストミンスター寺院はイギリス国教会の教会であり、エリザベス女王はイギリス国教会の最高権威者でもあったんですよね。

増田　イギリス国教会というと、プロテスタントに分類されますが、教会を見るだけだと、カトリック教会とほとんど変わらないと思います。見分けがそんなにつくわけじゃないんです。

イギリス国教会は、ヘンリー8世というわがままな王様が、離婚したいがために始めた宗教とよくいいますよね。

池上　16世紀前半、各国のカトリック教会を統率するローマ教皇庁の権力は絶対で、イギリスもカトリックの国でした。教皇庁から離婚を強硬に反対されたヘンリー8世は、それに反発、それならと国教会をつくり、自分が最高権威者となるんですね。

増田　さらにローマ教皇庁からの独立に反対するカトリック教会も自分のものにして、膨大な富を手にしました。現在のイギリス王室は、財政的に国家から独立しているのですが、それができるのも、このとき莫大な領地を獲得したからです。ロンドン中心部の土地の多くは王室が持っていて、イギリス王室は大金持ちの大地主なのです。

イギリス国教会は、こうした歴史的背景があるため、戴冠式《たいかんしき》や結婚式、葬儀まで、いまでも英国王室の儀式にカトリックの影響があらわれています。英国王室の儀式は見ごたえがありますよね。儀式を重んじないプロテスタントとは違います。

英国王室のさまざまな儀式で舞台となるウェストミンスター寺院も荘厳で、教会内部も広くて天井が高く、立派なステンドグラスで彩られています。

池上　イギリス国教会はプロテスタントのはずなのに豪華なのはおかしいなと思ったら、教義の違いによる独立ではなかったので、カトリックの様式を保っているのですね。

弾圧されたプロテスタントがアメリカへ

増田　16世紀前半にイギリス国教会ができたことは、イギリスの社会に大きな影響を与えました。同じ時期に、カトリック教会の腐敗が批判され、ヨーロッパではルターやカルヴァンの宗教改革が行われていました。

池上　キリスト教のコラム（178ページ）でも宗教改革については少し触れましたが、ルターは、金を出せば罪が赦されることはあり得ないと、カトリックの「贖宥状《しょくゆうじょう》」の販売を批判、信仰の拠り所を『聖書』に求め、カトリック教会の権威を否定しました。これまでギリシャ語またはラテン語しかなかった『新約聖書』をドイツ語に訳し、一般の信者が読めるようにしたんですね。

カルヴァンは、ルターの影響を受け、宗教改革を進めるのですが、人が神によって救われるかどうかは、あらかじめ神によって予定されているという「予定説」を打ち出しました。これは厳しい考え方ですよね。いくら悔い改めても、死後に救われるかどうかは生まれたときに定められているというのですから。

ルターの教えは「ルター派」として成立しますが、カルヴァンは新たな宗派をつくるつもりはなかったので、カルヴァン派という宗派は存在しません。カルヴァンの教えは「改革派」とされ、地域によって名称が異なりました。イギリスではピューリタン（清教徒）、スコットランドでは長老派などと呼ばれたのですね。

イギリス国教会もプロテスタントに分類されますが、ピューリタンの影響が強まってくると、イギリス国教会は実質カトリックのためピューリタンを徹底して弾圧します。ピューリタンの人たちは、イギリスにいられなくなり、理想の国家の建設を目指して、アメリカに渡ったのです。

はじめてのインド系の首相

増田　エリザベス女王は、トラス前首相を任命してすぐに亡くなられましたが、トラス氏は在任期間最短の45日で辞任することになりました。そのあと首相になったのが、スナク氏です。

池上　スナク首相は資産が多いことでも注目されましたが、やはりなんといっても、白人ではなく、アジア系、それもインド系の人がはじめて首相になったという点ですよね。言わずもがな、かつてイギリスはインドを植民地支配していました。それがいまや、インド系の首相がイギリスを率いるわけです。劇的な変化を実感します。

ブレグジット後のイギリス

増田　またイギリスでもうひとつ注目する点といえば、やはりブレグジットですよね。3度の延期を経て、2020年についにEUを離脱しました。

池上　みなさんご存じのように、2016年に、国民投票で離脱が決まりました。当時のキャメロン首相は、国民投票をしたらEU離脱が否決されるだろう、離脱派はうるさく言わなくなるだろうと思って、国民投票をしたら、僅差で離脱が決まってしまった。首相をはじめ、多くの人が驚いていましたよね。

増田 離脱を支持する人たちの理由のひとつが、新しくEUに加盟したポーランドなど東欧の人たちがイギリスにやってきて、安い賃金で仕事をしていることでした。

ブレグジット後、ロンドン在住のポーランド人が100万人から70万人に減ったと言われています。

新型コロナウイルスの感染拡大が少し落ち着いて、海外に行く人が増えたら、ヒースロー空港で荷物が山積みになり、混乱していると聞きました。空港で働いていた移民の人たちがロンドンからいなくなっていたからです。

池上 ガソリンはあるけど、ガソリンスタンドに運ぶトラックの運転手たちが移民だったので、ガソリンを運べないという話もありましたね。

増田　医療、介護や福祉の現場でも、多くの移民たちが働いていました。ジョンソン元首相も、離脱を推進していましたけど、新型コロナウイルス感染症にかかって入院したら、移民の看護師さんたちに助けられた、感謝している、と言っていましたよね。

池上　離脱してから、イギリスは移民たちによって支えられていた、ということを実感している人たちも多いでしょうね。

増田　スコットランドはEUに留まりたいといって、イギリスから独立しようなんて動きもあります。

池上　イギリスがEUを離脱したために、イギリスがばらばらになってしまう可能性もはらんでいます。いずれまたEUに戻ろうという動きが出てくる気が個人的にはしています。

増田　イギリスで残留と離脱、双方の立場の人たちを取材しました。難しいなと感じたのは、EUで決めたことを押し付けられると感じる人もいるということです。一方で、たとえばアメリカと対峙していくときには、ヨーロッパとしてお互いに協力していったほうがメリットがありますよね。ただ、自分の国らしさとか、自分たちで決めたいという気持ちもわかります。これを、これからどう選択していくのか、というところですね。

池上 自分の国も大事だけど、他国と協力していくことも大事。イギリスのEU離脱というのは、我々日本に住む者にとっても、現代の大きな問題を考えるきっかけになりました。

増田 イギリスの歴史が現在の世界情勢に与えた影響を考えると、決して肯定できることばかりではありません。しかし、シェイクスピアに代表される舞台劇やバレエなどをはじめ、すばらしい文化を育んできた国でもあります。イギリスに行くことがあれば、そんな芸術に触れる機会もあるといいですね。

池上&増田流　ロンドンの歩き方

1　著名人のお墓の上を歩く!?
ウェストミンスター寺院

イギリス国王・女王の戴冠式が11世紀から執り行われてきたウェストミンスター寺院。寺院の中には著名人のお墓もあります。床に埋葬されていて、その上を我々が歩くんですね。なんだか落ち着かないというか、お墓の上を歩いていいのかなと思ってしまいました。

床に名前が書かれた石のプレートがあり、その下に遺体が埋葬されています。床に埋まっているというか、床の一部になっているイメージです。

歴代の国王やニュートン、音楽家のヘンデル、シェイクスピアやディケンズの名前もあります。皮肉だなと思ったのは、キリスト教のアダムとイブが世界を創ったという教えを否定する「進化論」を主張したダーウィンのお墓もありますし、神はいないんだと主張していた理論物理学者のスティーブン・ホーキンスもここに埋葬されていることです。国を代表するような学者は、主義主張に関係なく、ウェストミンスター寺院に埋葬されるのでしょうね。(池上&増田)

2　世界で一番有名な国会議事堂
ウェストミンスター宮殿

ビッグベンと呼ばれる時計塔で有名な国会議事堂は、もともとは宮殿でした。その名残りがいまもあり、取材で入ってみたら、議員会館の執務室がとても狭くて驚きました。

イギリスは立憲君主制です。君主、つまり国王・女王の権力を憲法によって制限して、内閣が行政権を持っているということですね。日本やタイなども立憲君主制です。

だから、イギリスの国王は直接、政治を司る立場にありません。しかし、首相たちは毎週、国王に謁見《えっけん》するためバッキンガム宮殿に出向き、重要な政治的案件について報告をしています。３００年近く続いている慣例です。

ちなみにエリザベス女王が在位中に任命され、仕事を共にされてきた首相はチャーチルからトラス氏まで15人にも上ります。（池上）

3　植民地支配の賜物!?
大英博物館

大英帝国はこんなに世界中から勝手にいろいろなものを持ってきたんだな、植民地支配とはこういうことか、というのが、池上さんの大英博物館の鑑賞ポイント（笑）。

お気に入りは、ナポレオンのエジプト遠征で発見されたロゼッタストーンだとか。１８０１年、イギリス軍がエジプトに上陸したときに、戦利品としてフランス軍から奪ってきたのですが、現在エジプト政府から返還要求が起きています。

私も大英博物館に何回か行っていますが、必ず行くのがミイラのコーナーです。ミイラをはじめて見たのも大英博物館で、展示の仕方にも感心しました。

2004年当時のことですが、ガラスケースの中に、ミイラが発見されたときの状況が再現されていました。そのミイラは仰向けではなく、確かうつ伏せで身体を少しひねったような感じで置いてありました。ミイラはご遺体ですから、ご遺体を解剖すれば、外見から死因まで、さまざまな情報がわかる、というところが魅力です。当時の暮らしについても知ることができる、貴重な存在だと思います。（増田）

4　第二次世界大戦中に指揮をとっていた地下壕
チャーチル博物館

第二次世界大戦のとき、当時のチャーチル首相が防空壕にこもって戦争の指揮をした場所が博物館になっています。ダウニング街10番地の首相官邸のすぐ近く、国会議事堂のそばで、歩いて行ける距離です。ちなみに隣の11番地は財務大臣の公邸です。博物館には、見学コースがあって、当時チャーチルが指揮をとった部屋も見ることができます。

ドイツのV2ロケットが雨あられとロンドンに降り注いだ時期、爆撃を避けるため、チャーチルはそこに退避して、戦争の指揮をとったんですね。V2ロケットは、いわゆる初期のミサイルで、ドイツ国内から発射すると、ロンドンまで届きました。

戦後ドイツを占領したソ連とアメリカは、いちはやくドイツのその技術を自国に持ってかえります。ミサイル開発に役立てたのです。いまの米ソのミサイルはドイツのV2ロケットがもとになっているのです。（池上）

5　歴史もあるけどスターバックスもある街

オックスフォード

ロンドンから電車で片道1時間ほどのオックスフォード、18年前に1か月ほど滞在していたことがあります。夢だった短期の語学留学を実現させたのです。オックスフォードという響きに憧れてこの地を選んだのですが、大学の建物は歴史的建造物が多く、見て歩くだけで楽しい街です。さすが最古の大学のひとつだけあります。

そんな歴史を感じるのと同時に、街中にはディズニー・ストアやスターバックスもあり、グローバル化の波を感じました。ホームステイ先のお宅からオックスフォードの駅前にある語学学校まで、歩いて通っていました。40分くらいかかるのですが、途中には運河があって、ハクチョウやカモなどが飛来したり、春間近の季節だったので、日当たりのいい歩道の脇には、タンポポをはじめさまざまな花が見られる、とてもステキな街でした。

噂通り⁉　イギリスは、一日のうちに雨と曇りと晴れの天気がやってきます。昼間や夕方に雨が降っても、夜や朝は、必ずといっていいほど、スッキリ晴れている。その中をまた歩いて学校に通うと、とても清々しい気分で授業にのぞめました。

短期留学から2年後にオックスフォードを再訪し、当時進めていた書籍の共著者でありオックスフォード大学の教授である苅谷《かりや》剛彦《たけひこ》先生を訪ねたことがあります。そのときオックスフォード大学の先生たちは、金曜日はガウンを着て、夕食を食堂で一緒に食べるという伝統を守っていると聞いて、さすがオックスフォード！　と思いました。ちなみに、私自身は、駅近くにある、タイ料理のお店によく通っていました。おいしい店でした。（増田）

6　ニュートンのりんごの木もある！

ケンブリッジ

イギリスで一番古い大学であるオックスフォード大学を、非常に保守的だと反発した先生たちが飛び出して、ケンブリッジに新しい大学を作ります。それがケンブリッジ大学です。

ケンブリッジ大学に行くと、13世紀からの歴史に圧倒され、すごいな、勉強しなきゃいけないなと思います。ケンブリッジは、いわゆる大学街なので、パブなどはありますが、基本的に遊ぶところはなく、ひたすら勉強するしかありません。

日本の人にはユニバーシティとカレッジの関係がわかりにくいと思うのです

が、ケンブリッジ大学（ユニバーシティ）には、31のカレッジがあり、カレッジごとに入学試験を行います。試験に合格するとケンブリッジ大学の学生になれるわけです。カレッジでは先生と学生３人ほどで学びます。多くの授業はユニバーシティで行われ、50人から１００人ほどの講義形式の授業が一般的です。

ケンブリッジ大学のひとつトリニティ・カレッジでは、アイザック・ニュートンが学んだことがあり、カレッジの入口には、ニュートンが万有引力の法則を発見するきっかけとなったと言われているりんごの木があります。

ペストが大流行して大学が閉鎖され、ニュートンがふるさとに帰っていたとき、自宅の庭にあるりんごの木の実がぽとんと落ちたのを見て、りんごは落ちるのに、なぜ月は落ちないのだろうと考えて万有引力の法則を発見した、とされています。「されている」というのはなぜかというと、姪っ子がニュートンの死後、こう言っていましたと言ったからです。ちなみに、ケンブリッジの木をさらに接ぎ木したものが、東京の小石川植物園にあります。

ケンブリッジでの思い出といえばもうひとつ、現地で連れていってもらったパブ「イーグル」です。ケンブリッジで一番古いパブとのことなのですが、DNAの二重螺旋《にじゅうらせん》構造を発見したクリックとワトソンのふたりの学者が、よくそのパブで飲んでいて、あるときそこで彼らの頭にひらめいたのがDNAの二重螺旋構造だったと言われています。

ちなみにケンブリッジもロンドンから電車で片道1時間半ほどなので、日帰りも可能です。（池上）

カトリックの祭日に食べたフィッシュ&チップス

イギリスといえば、紅茶、そしてアフタヌーン・ティーですよね。フォートナム&メイスンの近くのお店で、スコーンを注文して、アフタヌーン・ティーを楽しみました。ちなみにフォートナム&メイスンは紅茶だけじゃなく、テーブルウェアから文具など品揃えが豊富で、すごく楽しかったです。

また、イギリスといえば、フィッシュ&チップスですが、私がはじめて食べたのは、イギリスではなくアイルランド。しかも、セント・パトリック・デーの日でした。カトリックの祭日で、アイルランドにキリスト教を広めた聖人パトリックの命日ですね。その日は、首都ダブリンで盛大なパレードがあり、とても賑わっていました。レストランも混んでいて、何とか入れたのがフィッシュ&チップスの専門店。揚げたてだったので、とてもおいしかったです。

またロンドンからベルギーに行ったとき、はじめてユーロスターに乗りました。車内の朝食で、ハムとチーズにあんずジャムが添えられていました。はじめて食べた組み合わせでしたが、こんなおいしい食べ方があるんだと大感激。いまでも海外に行くとホテルの朝食では必ずこの組み合わせでいただきます。

ちなみに中華料理は、どの国で食べても味が安定していますが、ロンドンのチャイナ・タウンは例外でした。私が入った店では火が通りすぎていたり、生煮えだったり、味もちゃんとついていませんでした（苦笑）。かなり前のことなので、いまはおいしくなっているかもしれませんね。（増田）

アフリカに行くなら、まずここ！
軽井沢のように過ごしやすいケニア

多くの人には、まだなじみが薄いアフリカですが、ヨーロッパでテレビを見ていると、よくアフリカのニュースが流れてきます。アフリカはユーラシアについで2番目に大きな大陸で、ヨーロッパが3つ入る大きさです。アフリカには54もの国があります。ちなみにアジアは48か国、ヨーロッパは50か国、中南米は33か国、中東は15か国です。しかもアフリカは54か国のうち16か国が海に面していない内陸国なんですね。

アフリカは、大きく5つの地域——北アフリカ、東アフリカ、西アフリカ、中部アフリカ、南部アフリカ——に分けられます。地中海に面した北アフリカは、エジプト、モロッコ、チュニジアなど、イスラム教のアラビア語圏であり、文化的には中東とつながった地域です。

それより南は、サブサハラと呼ばれ、アフリカと言われて私たちがイメージするのはこちらの地域ですよね。そのなかで、インド洋側にあるのが東アフリカです。今回取り上げるケニアも東アフリカで、ほかにウガンダやルワンダなどが含まれ、インド系の人たちも多い地域です。というのも古くからインドの商人たちは、東アフリカの国々と貿易を繰り広げてきたからです。

また、ケニアやウガンダなどはイギリスの植民地だったので、イギリス人がインド人をこの地域にも連れてきたんですね。ちなみに、イギリスのスナク首相の両親も東アフリカ出身で、父親はケニア、母親はいまのタンザニアからイギリスに渡ったそうです。

アフリカ大陸の真ん中、赤道付近にあるのが、中部アフリカです。コンゴやカメルーンなどがあり、内陸国も多いところです。内陸国は、貿易に不利で、港から自国へものを運ぶにも陸路で何日もかかるため、物流コストも高くなり、発展が遅れてしまっています。海に面しているかどうかが、その国が発展するかどうかのひとつの目安になります。

そして大西洋側にある国々が、西アフリカです。ニジェール川の北部がフランスの植民地、南部がイギリスの植民地だったのですが、独立するとき、北部はフランス語でニジェール、南部は英語でナイジェリア、という国になりました。ナイジェリアは、人口2億人以上を擁《よう》し、経済も発展していて、いずれ経済大国になると考えられています。

最後が南アフリカを含む、南部アフリカです。この地域はイギリスやオランダなどヨーロッパの植民地としての様相を最後まで残し、また気候もヨーロッパと同じぐらいの緯度のため多くのヨーロッパ人が住み着きました。南アフリカはかつては、悪名高いアパルトヘイトもありましたが、現在はアフリカ大陸随一の発展を遂げ、いち早く先進国の仲間入りをしようとしています。

さて、アフリカの説明が長くなってしまいましたが、ケニアの話に戻ります。首都は、みなさんご存じのナイロビですが、標高が1600メートルほどあるので、1年を通して、初夏の軽井沢のような気候です。地図で見ると赤道直下にあるので、暑そうだなと思うのですが、日本の夏のほうがずっと暑いんですね（笑）。ナイロビから車で数時間ほどの海岸沿いに行くと、標高が低くなるので、暑いときは40度ぐらいになります。

先にも触れましたが、ケニアはイギリスの植民地だったので、ナイロビもイギリスの雰囲気を感じる街並みです。でもナイロビから少し外に出ると、野生のキリンが歩いていて、それを見たときは本当に感動しました。もちろん観光名所である国立公園（サファリ）もいくつかあって、そこではライオンをはじめ、さまざまな動物を見ることができます。

主食は、ウガリというトウモロコシの粉などを練って作られたものです。おかずと一緒に食べるようなのですが、白っぽくて、なにも味がしませんでした（笑）。でも、お米を主食としていない人たちにとっては、お米も味がしないと思うのかもしれませんね。ウガリは、カロリーが低いうえに、腹持ちがいいので、ダイエットにはいいかもしれません。

田舎のレストランでは、骨付きの牛肉を食べたのですが、食用ではなく、最後までこきつかって働かせたであろう牛の肉だったので、とても硬くて、なかなか噛み切れませんでした（笑）。都心のレストランでは、おいしいステーキをはじめ、さまざまな食事を楽しめます。

ケニアの西隣にあるウガンダにも行きました。ケニアよりもごみごみとした雰囲気で、道は渋滞していたのですが、日本の中古車がたくさん走っていました。西濃運輸のトラックも見かけて、一瞬、ウガンダでも西濃運輸がビジネスをしているのかと思ったのですが、そんなことはなく、中古のトラックをそのまま走らせているんですね。日本語が書いてあると品質がいいだろうということで、高く売れるから、そのままにしているとのことでした。ちなみに、ウガンダは、ケニアやルワンダとともにコーヒーの産地で、コーヒーがとてもおいしかったです。

ケニアに行くには、イエローカードといって、黄熱の予防接種証明書が必要ですが、機会があれば、ぜひ行ってみてくださいね。ドバイ経由が乗り替えもスムーズでおすすめです。（池上）

第8章

多様な価値観がうずまく世界のリーダー・アメリカ

United States of America
アメリカ合衆国

人口
約3億3200万人

首都
ワシントンD.C.

言語
英語

宗教
キリスト教ほか

景気のよさを感じたニューヨーク

増田　いよいよ最後の章になりました。やはりアメリカを取り上げないわけにはいきません。

　２０２２年の秋に、２年半ぶりに取材でアメリカに行きました。池上さんは、新型コロナウイルス感染症の拡大後、はじめての海外取材ということで、渡米前からはしゃいでいましたね（笑）。ニューヨークに何日か滞在しましたが、どんな印象を持ちましたか。

池上　ものすごく景気がよかったですよね。高層ビルが次々に建っていて、夜のレストランは人であふれていました。観光客も戻っていて、ＭＯＭＡ（ニューヨーク近代美術館）もすごい行列でした。

増田　街ではマスクをしている人も少ないし、コロナ禍の気配はまったく感じませんでしたね。

池上　またニューヨークといえば、イエローキャブでしたが、その数が減っていて、みんなウーバーを使うようになっていました。

増田　池上さん、ウーバー呼びました？

池上　いや、アプリを入れるのが面倒で使いませんでした。ウーバー、高いんだよね？

増田　私は呼びました。朝4時にホテルまで来てもらうようにお願いしたら、ちゃんと来てくれましたよ。

　ウーバーは、乗客が運転手を評価する一方で、運転手も乗客を評価するんですよね。だから、自分の評価が低くなると、ウーバーは呼んでも来なくなります。結果的にチップをはずむことになって、ウーバーが高くなるという（笑）。

池上　現地の日本の人が、ウーバーの運転手に道を事細かに指示したら、低い評価がついて、その人がウーバーをいくら呼んでも来てもらえなくなったという話を聞きました。それでもウーバーが人気なのは、汚ないと評判のイエローキャブより車内がきれいで、確実に来てくれて便利だからでしょうか。

また円安ということもあり、やっぱり物価が高く感じましたね。ラーメンが16ドルで餃子は12ドルでした。私がアメリカに行ったときのレート、１ドル１５０円で計算すると、チップふくめて５４００円になりました。

増田　ニューヨークの時給もいまや20ドルだそうです。日本の約3倍ですが、それでも、人が来てくれないと言っていました。人件費も、お店の値段に反映されるわけですよね。

増田　州によって付加価値税が違うので、どの州で食べるかによってビッグマックセットの値段も違うのですが、ニューヨークで買ったビッグマックセットは11・２ドル、１６００円ぐらいでした。日本の倍以上ですね。

リトル・ハバナでは鶏が歩いている!?

増田　フロリダにも池上さんと一緒に取材に行きましたが、マイアミ近郊のカフェでも、メニューの上に紙を貼って、値上げしていましたね。治安があまりよくないようで、店の窓に鉄格子をはめて防犯してあったので、お店の中には入らないでテイクアウトしたほうがいいかと思ったんですが、入ってみると店内は明るくきれいで、結局お店で食べたんですよね。豚肉が挟んであるキューバンサンドイッチ、素朴な味でおいしかったです。8ドルぐらいでした。

池上 フロリダはキューバからの移民が多いので、リトル・ハバナがありますよね。本当にハバナの街を思わせる雰囲気でした。

増田 キューバは、葉巻が有名ですが、リトル・ハバナにも葉巻を作っているお店がありましたね。またキューバでは鶏を放し飼いにしているようなのですが、リトル・ハバナでも鶏が普通に道路を歩いていました（笑）。

池上 マイアミビーチのすぐ近くには、フリーダムタワーもありましたね。かつてキューバのカストロ政権からの亡命者を受け入れる施設だったところです。

フロリダは温暖なので、若い頃ビジネスで成功し、金持ちになって移り住む人が大勢います。豪邸が多く、保守的な人が多い州です。ドナルド・トランプ前大統領もこの州に住んでいます。ディズニー・ワールドがあることでも有名ですね。

カンザスではスターバックスが17時半に閉まる!?

増田　私は、アメリカ中西部のカンザスにも行ったのですが、街中に人がいなくて、取材するのが大変でした。仕事へも、子どもの学校へも、買い物へも全部車を使うので、街に人が歩いていなかったんです。

郊外にある大型のスーパーに行けば取材ができると思ったのですが、ヒスパニック系の買い物客ばかりで、英語が通じませんでした……。

さらに若い人たちにも取材したい、スターバックスなら若い人がいるかなと思って、スマホで検索したら、なんと17時半に閉まると出てきました。夜に食事をするところもなく、結局パンダ・エクスプレスという中華料理のテイクアウトのチェーン店で夕食を買ってホテルで食べたんですよ。

池上　僕もカンザスに行ってみたかったなあ。

増田　こんなカンザスに？　どうして？

池上　子どものころに読んだ『オズの魔法使い』の主人公ドロシーが住んでいたのがカンザスなんだよね。家が竜巻に巻き込まれて飛ばされてしまって、どこかに落ちた。ドロシーが家のドアを開けたら、見たこともない世界が広がっていて「ここはカンザスじゃないみたい」と言うわけ。なにもないカンザスとは違っていたからというのが理由なんだけど、アメリカの人たちはここで笑うんです。カンザスにはなにもないという共通認識があるから。

増田　カンザスのような場所で暮らしていたら、家と職場との往復が日常で、家族がいちばん大切という価値観になるのもわかる気がしました。

　テキサスにも取材に行きましたが、テンガロンハットを頭に載せたふくよかな体形のおじさんたちがステーキハウスに入っていくのを見て、

池上　西部劇の時代からなにも変わっていないんだという印象を受けました。テンガロンハットは、カウボーイがかぶっていたんですよね。

大統領就任式に『聖書』が登場する

増田　アメリカは政教分離の立場をとっていますが、さまざまな場面でキリスト教の国なんだなと感じることがありますよね。たとえばアメリカの大統領就任式では、大統領は『聖書』に手を置いて宣誓します。

池上　現職のバイデン大統領は、カトリック教徒ですが、アメリカの歴代の大統領はプロテスタントでした。はじめてのカトリック教徒はジョン・F・ケネディで、バイデン大統領が2人目のカトリック教徒です。

　イギリスの章でも触れたように、アメリカは、イギリスからプロテスタントの一派であるピューリタンの人たちがやってきて建国したという歴史的背景もあり、いまでもプロテスタントが多く、そのなかでも福音派が半数近くを占めます。福音派とは、『聖書』とは「神の霊感」によって書かれたもので、その内容は一字一句すべて誤りのない神の言葉であると信じている人たちのことを指します。

増田 最近のアメリカの政治では、福音派が大きな影響力を持つようになってきましたよね。

池上 福音派は、保守的な白人に多く、中南米や中東からの移民の増大で、自らが少数派に転落しつつあることに危機感を募らせていると言われています。中南米はカトリックですし、中東はイスラムです。「アメリカは白人のプロテスタントが建国した」という思いが強い人たちは、自分たちの「あるべき」姿を政治において維持しようとしているのですね。

増田 今回の取材では、ニューヨーク、ペンシルベニア、フロリダ、カンザス、テキサスと行きましたが、本当にアメリカは広くて、さまざまな考え方の人がいて、いろいろな人種がいるんだなというのをあらためて実感しました。それをまとめるのは、本当に大変だろうなと思います。

池上 でも、その多様性がアメリカの強みでもあるんですよね。いろいろ問題もあるけれど、アメリカがなぜこんなに活力があるかというと、本当に多様だからです。さまざまな移民や優秀な人材を受け入れて、今も発展しています。

アメリカに行くときは、できればニューヨークやカリフォルニアだけでなく、ほかの州にも行って、アメリカの多様さを感じてみてくださいね。

池上＆増田流　ニューヨークの歩き方

1　襲撃に備えて壁を作った!?
ウォール街

言わずと知れたアメリカ金融の心臓部。ハリウッド映画のタイトルにもなりました。1987年に公開された映画「ウォール街」は、野心的な若手証券マンと、冷酷なうえに強欲な投資家の企業買収劇を描いたヒット作です。アメリカの金融界とは、こんなところなのかと衝撃を受けたのを覚えています。

そもそもマンハッタンを開拓したのはオランダ人。そこで「ニューアムステルダム」と名付けたのですが、やがてイギリス人の手に渡り、イギリスのヨーク地方にちなんで「ニューヨーク」と名付けました。

しかし、この地にはそもそも先住民の人たちがいたわけで、ヨーロッパの人たちが勝手に入ってきたことに怒った先住民が襲撃してくることもあったので、襲撃に備えて壁を建設しました。これで安心と、壁のそばで株取引などが行われるようになり、金融取引の中心となりました。かくしてウォール・ストリート（壁通り）と呼ばれるようになったわけです。ニューヨーク証券取引所の前の通りには、壁の支柱の跡が残されています。

日本の証券取引所では、取引がコンピューター化され、「場立ち」と呼ばれた証券会社の社員の姿は見られなくなりましたが、ニューヨーク証券取引所は、コンピューター取引が導入されても、あえて社員による取引を残しています。いまどんな株が売買されているか、その場で実感できるから、ということのようです。見学コースもあり、ニュースで見たことのある光景を間近で見ることができます。

ちなみにウォール・ストリートにはブル（雄牛）の銅像が設置されています。これは、株価が上昇する状態をブル相場、下落することをベア（熊）相場と呼ぶからです。ブルは頭を上に突き上げるので、株価上昇のシンボルとなり、熊は前足を上から下に振り下ろすので、下落のイメージなんですね。

ブルの銅像に触ると、株取引でもうけが出るという願望から触る人も多いのですが、エビデンス（証拠）は報告されていません。（池上）

2　慰霊施設にもなっている
グラウンド・ゼロ

２００１年９月11日の同時多発テロで崩壊したワールド・トレードセンターの跡地は、「グラウンド・ゼロ」と呼ばれました。意味は「爆心地」。広島や長崎の爆心地も英語では「グラウンド・ゼロ」と呼ばれます。

ご存じのように、ここにはテロで崩壊するまでツインタワーがありました。日系の建築家ミノル・ヤマサキがデザインした超高層ビルでした。

ツインタワーは北タワーと南タワーと呼ばれ、北タワーは建設時、それまで世界一高いビルだったエンパイアステートビルを抜き、1974年にシカゴに建設されたビルに抜かれるまで世界一を維持しました。

崩壊後、敷地には、新たにワールド・トレードセンターが建設され、展望台は一般に公開されています。2つのビルが建っていた場所は四角に区切られた2つの慰霊施設になっていて、犠牲になった人たちの名前が刻まれています。それぞれの誕生日には、氏名の上に花が置かれます。ビルの崩壊で、日本人24人も犠牲になりました。名前を辿っていくと、突然、日本人の名前が並んでいることに気づき、言葉を失います。

また、ビルの近くにはメモリアル・ミュージアムがあり、当時の様子を詳細に知ることができます。（池上）

旧ワールド・トレードセンター跡地に建設された慰霊碑。花はボランティア団体によって飾られる。

3　上でなく下を見る！

自由の女神

自由の女神の正式名称は「世界を照らす自由」。銅像はアメリカの独立100年のお祝いにフランスが寄贈。台座はアメリカ国民の寄付によって作られました。

自由の女神でぜひ見てほしいのは台座。そこには「疲れ果て、貧しさにあえぎ、自由の息吹を求める人々を私に与えたまえ」という、アメリカ建国の精神を象徴する詩が刻まれています。

すぐ近くのエリス島には、

エリス島にある移民博物館。かつてはアメリカ最大の移民局だった。

1954年まで連邦政府移民局があり、約1200万人の移民がここからアメリカへ入国しました。ヨーロッパから船で渡ってくる移民によって、危険な伝染病が持ち込まれるのを防ぐために、何日間か移民局に滞在させ、発病しないことを確認して入国を認めていたのです。いまは博物館になり、移民が滞在した場所を見学できるようになっていて、ベッドや医務室がありました。自由の女神は、移民国家・アメリカの成立を見守ってきたともいえるのです。

（池上&増田）

4　十字架がない!? モルモン教の教会

アメリカにはモルモン教徒も多く、アメリカのホテルに泊まると、『聖書』と共に『モルモン書』（モルモン教の聖書）が置いてあります。ニューヨークのマンハッタンにはモルモン教の教会もあります。

モルモン教の正式名称は「末日聖徒《まつじつせいと》イエス・キリスト教会」。独自の『モルモン書』があることからモルモン教と呼ばれます。

ほかのキリスト教徒は、モルモン教はキリスト教ではないと言っていますが、モルモン教徒は自分たちこそキリスト教だと主張します。なぜかというと、モルモン教は、キリスト教がローマ帝国の国教になり、十字架がシンボルになる前の初期キリスト教がアメリカ大陸に渡ってきたということになっているからです。そのため、教会に十字架がなく、日本人はモルモン教の教会にあまり気がつかないんですね。

モルモン教は酒やタバコ、コーヒーなどの刺激物を禁じていて、真面目に仕事に打ち込む人が多く、アメリカ社会では経済的に成功して裕福な人が多いんです。ちなみに2012年の大統領選挙の共和党候補ミット・ロムニーもモルモン教徒です。（池上）

5　ソウルフードも味わえる
ハーレムとブロンクス

取材のテーマが、移民や難民、選挙に関することが多いため、インタビューのためなら、どんな場所へも足を運ぶのが常となっています。長くニューヨークに住んでいる日本人の方にさえ、ハーレムやブロンクスにはできるなら行きたくない、などと言われてしまいますが、その両方に足しげく通った時期がありました。

ハーレムで忘れられないのが、ハーレムの人たちのソウルフードだという、鶏肉のから揚げを食べたこと。すごいボリュームでびっくりしましたが、味は確かなレストランでした。

ブロンクスでは、ヒスパニック系の人たちも多く、こちらもソウルフードのアボカドを使ったワカモレなどメキシコ料理を食べさせてくれる人たちに出会いました。

夜間に行かない、食べ終わったらすみやかに帰宅する、というマイルールを作って活動をしているつもりですが、現地で出会う人それぞれが、とても魅力的な生き方をしている場合が多いです。最大限の注意を払いつつ、地元の人たちとも交流したい、というのが今の私のスタイルです。（増田）

アメリカの新聞を読んでみる

私は、アメリカでも新聞を毎日数紙は買うのですが、2022年の秋に久しぶりにニューヨークに行ったら、ニューススタンドで新聞をあまり見かけませんでした。みんな電子版を読むようになったのか、それともそもそも新聞を読まなくなったのか。

仕方がないので、タクシーでグランド・セントラル駅まで行って、毎日新聞を買っていました。お店の人とすっかり顔見知りになって、「そんなに毎日たくさん新聞を買っていたら、家の中が新聞だらけになるだろう」などと言われてしまいました。まさにその通りなのですが（笑）。新聞を数紙買っているなんて偉そうに言っていますが、新聞をスラスラ読めるほどの英語力はありません。それでも見出しを見て本文を飛ばし読みすることで、いまどんなニュースが話題になっているのか、なんとなく把握できるのです。

アメリカには日本のような全国紙は存在しません。「USA TODAY」というタブロイド版（日本だと「夕刊フジ」や「日刊ゲンダイ」のサイズ）の新聞が辛うじて全国で読めますが、基本は地方紙ばかりです。

日本で有名な「ニューヨーク・タイムズ」はニューヨークのローカル新聞です。ただし、ニューヨークには世界情勢に関心のある読者が多いので、世界各地に支局を置き、海外ニュースが充実しています。とりわけトランプ前大統領が登場してからは、トランプ政権の内幕を暴露する記事が多かったので、電子版は世界各地で読まれ、購読者が激増したそうです。私もそのひとりですが、新聞社にとってはトランプさまさま、ですね。

「ウォールストリート・ジャーナル」は、日本でいえば「日本経済新聞」。アメリカの金融情報を中心に経済ニュースを主に伝えています。ただ、最近は経営陣が代わり、扱う内容が一般紙に近づいています。ニューヨーク市内の人気スポット紹介などの記事も増え、「ニューヨーク・タイムズ」をライバル視して、読者を奪おうとしているように見えます。

日本ですと「ワシントン・ポスト」も名の知られた新聞ですが、これは首都ワシントンの地方紙。首都だけにアメリカ政治のニュースが豊富に掲載されているので、関心のある人は読むのですが、ニューヨーク市内ではなかなか手に入りません。（池上）

書店でニューヨーク気分を味わう

どの国でもそうですが、ニューヨークでも必ず書店に行きます。いつも行くのは5番街にある「Barnes&Noble」です。全米最大の書店チェーンで、アメリカの大都市には必ずと言っていいほどお店があります。日本でいえば三省堂書店や紀伊國屋書店というイメージでしょうか。

この書店チェーンは店内が高級感にあふれ、ほとんどの店にスターバックスが入り、本探しに疲れたり、お目当ての本を買ったりしたあとは、ここでコーヒー。ニューヨーク生活を満喫している満足感が得られます、自己満足ですが。アメリカでは日本と違って書籍の値引き販売が当たり前。20パーセントないし30パーセント引きで買えるのも嬉しいですね。New Arrival（新着）という棚が一番見やすい場所にあり、あとはFictionとNonfictionに分かれています。写真集も豪華です。このお店に入ると、ついアメリカ政治や国際政治に関する本を買ってしまいます。政治家の自伝も多数出ているので、将来、大統領選挙の候補になりそうな人物の本を念のために購入することもあります。

ここでは、書籍以外に多種多様なメッセージカードやトートバッグなども買えるので、「英語は苦手」という人も顔を出してみてはどうでしょうか。（池上）

メキシコ料理と絶品ステーキ

アメリカは、メキシコと国境を接していますし、メキシコからの移民も多いので、メキシコ料理のお店が充実しています。テックスメックスという言葉もあり、これはテキサスのメキシコ料理という意味です。タコスのピザみたいな料理も食べました。

ステーキも和牛とは違うおいしさがあります。カンザスではカンザスビーフをアメリカの定番料理マカロニ・アンド・チーズと一緒にいただきました。テキサスでもサーロイン・ステーキを食べたのですが、これまで食べたなかで一、二を争うおいしさでした。

アメリカでいいなと思うのは、食べきれなかった分をみんな持って帰ること。ピザ1枚でも持って帰ります。いい習慣ですよね。

ちなみに、はじめての場所や時間があまりないときは、Yelpでお店を探します。日本の「食べログ」のようなサイトです。ここで見つけた日本のうどん屋さんには、ニューヨーク滞在中によくお世話になっています。（増田）

南米に行くなら、まずここ！横断歩道に立つと必ず車が止まってくれるチリ

中南米、もしくはラテンアメリカとも呼ばれるこの地域は、主にスペイン語が話され、宗教もカトリックが多く、ほかの大陸に比べて、各国の言語や文化が近い印象があります。

その南米のなかでもチリは２０１０年にＯＥＣＤに入り、治安も経済も安定しています。ＯＥＣＤは先進国クラブとも呼ばれ、日本は１９６４年の東京オリンピックの年に加盟しました。

私は、２０１５年にテレビの取材で南極を目指す途中でチリに立ち寄りました。そこでまず驚いたのは、横断歩道の前に立つと、すべての車が止まってくれること。日本では、止まってくれない車も多いですよね？　なんて民度が高いんだと感動しました。

首都のサンチャゴから南極への飛行機が出る街まで国内線の飛行機に

乗ったのですが、セキュリティチェックもほとんどなく、チリがいかに安全かを実感しました。街も、穏やかな雰囲気でした。

2億人の人口を擁する南米の大国ブラジルにも取材で行ったことがあるのですが、ずっと警備の人を頼みました。それだけ、治安がよくないんですね。ちなみに、地元の警官が、休みの日にアルバイトとして警備の仕事をしています（笑）。

ブラジルでは、2022年秋の選挙で貧困対策を重んじるルラ元大統領が「ブラジルのトランプ」と呼ばれたボルソナーロ氏を破りましたが、前大統領支持者は選挙結果に不満を持って議会を襲撃するなど政治不安が続いています。チリも、その前年にボリッチ大統領が35歳の若さで当選し、現在は左派政権です。

メキシコ、ペルー、コロンビアも現在は左派政権で、右派政権から貧困対策を重んじる左派政権に代わる現象が中南米で次々と起きています。これは、アメリカがトランプ政権だった反発でもあるのかなと思います。

一方で、中南米は「米国の裏庭」と呼ばれていましたが、徐々にアメリカの存在感が薄まり、中国との貿易が拡大しています。現在はアメリカと自由貿易協定を結んでいるメキシコを除き、中南米諸国の最大の貿易相手国は中国です。

またチリは、日本と経済連携協定をはじめて結んだ南米の国です。2007年に発効し、チリからサーモンやワインが多く日本に入ってくるようになりました。コンビニで売られている安いワインはチリ産というイメージがあると思うのですが、品質が悪くて安いわけではなく、関税が低いから安いんですね。

前回チリに行ったときは、首都サンチャゴをきちんと見る時間がなかったので、またチリに行きたいと思っています。（池上）

おわりに

２０２２年３月。コロナ禍の規制が緩和され、海外取材を再始動させました。最初に選んだ国は、中欧ハンガリー。７年ぶり、２度目の訪問でした。なぜ、ハンガリーだったのか。理由はいくつかありますが、ひとつには、ロシアによるウクライナ侵攻が始まり、国境を接する国にウクライナ避難民が大勢逃げ込んでいたこと。ウクライナとハンガリーの国境付近では日本のＮＧＯに所属する医師たちが救援活動をしていることを知り、取材に出かけたのです。

そこには、突然日常生活を奪われ、逃げてきた人たちの姿がありました。すでに18歳から60歳までの男性は出国禁止となっていたので、女性と子ども、高齢者の姿が目立ちました。中には、重い疾患を抱え、すぐに入院が必要な人もいましたが、笑顔を絶やさずテキパキと対応する日本人医師や看護師の姿に、私まで励まされ、誇らしく思いました。テレビやネットニュースなどで現場の映像は見ていたつもりでしたが、実際に現場に足を運んでみると、見えるものが全然違います。人と直接触れ合う機会が減っていたので、余計にそう思えたのかもしれません。

避難してきた人たちにも話を聞きましたが、置かれている状況の苛酷さに言葉もありませんでした。ただ、そこで私が新たに学んだこともありました。それは、地続きで国境を接している国同士の間には人の交流があり、特に国境周辺にはお互い共通の言語や文化が残っていること。

たとえば、国境のウクライナ側には、ハンガリー語を話す人たちが暮らしていますが、ウクライナ政権の方針によってハンガリー語での学校教育ができなくなる方向にあり、それに対する抗議活動が双方の国で起こっています。

日本は島国のため直接国境を接する国はありませんが、地続きの国境線は戦争によってこれまで何度も書き換えられてきました。国境付近で暮らす人たちは、そのたびごとに翻弄《ほんろう》させられてきたのです。

ロシアによるウクライナ侵攻の理由のひとつに、当初、東部ドンバス地方に暮らすロシア系住民に対するロシア語使用の禁止が挙げられていました。ウクライナを舞台に戦闘を続けるロシアを肯定できるはずもありませんが、これまで何度も書き換えられてきた国境の問題が自分の中で腑に落ちた取材旅行となりました。

旅の仕方は人それぞれですが、私の場合、取材目的以外の旅行をすることがめったにないので、同じ国、同じ場所に幾度となく通うことが多いです。2022年は海外取材に5回出ましたが、そのうち4回はハンガリーとその周辺国でした。二度三度と訪問するうちに、その町の風景、人々の暮らしが徐々に見えてきて、その国に対する理解が深まっていきます。

ハンガリーをもっと知りたいと思ったのは、新型コロナワクチンの開発に貢献したカタリン・カリコ氏にインタビューをし、本を出版したことも大きな理由です。カリコ氏は、東西冷戦下のハンガリーで生まれ育ち、医学部に進学してmRNAの研究を続けていましたが、国の経済が困難な状況に陥ったため研究費が打ち切りに。知人が誰もいない未知の国アメリカに渡って、今日まで研究を続けてきた人です。移民で女性で、しかも英語が母語でない彼女が、どんな困難にも負けずに研究を続けてきてくれたおかげで、mRNAを使った新型コロナワクチンが迅速に開発されました。

いまなお彼女が大切に思い続けている祖国とはどんなところなのか。人々は素朴で親切、しかも忍耐強くてどんな困難にも負けない気質をもつ人が多い。大平原が広がり、自然も豊か。しかも食べるものもおいしい！　知れば知るほど魅せられて、私自身もハンガリーが大好きな国のひとつになりました。

もちろん、その国の人たちを育んだ背景には、時代や歴史が大きくかかわっています。たとえば、ハンガリーにはヨーロッパ最大のシナゴーグがありますが、第二次世界大戦下ではホロコーストで多くのユダヤ人が犠牲になりました。そもそもハンガリーはキリスト教カトリックの人たちが多く暮らす国。いまも首都ブダペストにはユダヤ人街があり、多くのユダヤ人が暮らしていますが、特に戦後の時代には差別が残っていて、他国への移民を余儀なくされた人たちもいました。一方、ユダヤ人を「命のビザ」で救った日本人外交官の杉原千畝《ちうね》と同じ行動をとった他国の外交官がブダペストにもいて、市内のカナダやスウェーデンの領事館があった建物には、そのことが記されたプレートが掲げられています。

宗教の違いから差別や対立が生まれ、それが戦争にまで発展してきたのがヨーロッパの歴史でもありますが、どんなときでも人々を救おうと活動をしてきた人がいる。そうした事実を知るたびに、私自身、人間ってそう捨てたもんじゃない！　と希望を感じ、取材を続けていく勇気をもらえるのです。

なんて偉そうなことを言っていますが（笑）、取材の合間においしいものを食べることも楽しみのひとつ。食には、その国の文化や宗教的な意味合いが込められていることも多々ありますから、名物を口にすることも人々を理解することにつながります。おいしいものを食べているときに笑顔にならない人はいませんよね。テーブルを一緒に囲んでお互いを知る。旅先でも日々の暮らしの

中でも、この本をかたわらに世界を知っていただけたら嬉しい限りです。皆さん、旅に出ましょう‼

2023年1月

増田ユリヤ

参考文献

・「変貌ベトナム」朝日新聞グローブ／二〇二二年一〇月一六日
・「アジアの未来のつくりかた」池上彰／ＪＩＣＡのＨＰ
https://www.jica.go.jp/aboutoda/2016_ASEAN/vol1_page1/index.html
・『おとなの教養』池上彰／ＮＨＫ新書／二〇一四年
・「Singapore offers new elite visa as global talent hunt heats up」NIKKEI Asia ／二〇二二年八月二九日
・「トランプ支持者が経営のホテル、会談場所に落選」日本経済新聞／二〇一八年六月一〇日
・「『世界一普通じゃないエアライン』エルアル・イスラエル航空に聞く」Travel vision ／二〇一九年九月三〇日　https://www.travelvision.jp/news/detail/news-86627
・『聖書がわかれば世界が見える』池上彰／ＳＢ新書／二〇二二年
・『知っているようで実は知らない世界の宗教』池上彰／ＳＢ新書／二〇一七年
・『コーラン（中）』井筒俊彦訳／岩波文庫／一九六四年
・「エリザベス女王国葬席順、バイデン大統領は14列目…ひつぎ挟み向かい側6列目に両陛下」読売新聞オンライン／二〇二二年九月二〇日
https://www.yomiuri.co.jp/world/20220919-OYT1T50139/
・「女王失った英国はどうなるのか　連邦諸国では共和制移行の動きも　問われる現代の君主制」

東京新聞／二〇二三年九月二〇日　https://www.tokyo-np.co.jp/article/203433

・「池上彰と歩く『アフリカビジネス』」池上彰／日経ＢＰ

https://special.nikkeibp.co.jp/as/201207/africa/prologue.html

各国の人口・言語・宗教・民族などのデータは外務省の「国・地域」のページを参考にしました。

https://www.mofa.go.jp/mofaj/area/index.html

編集協力　笠原仁子
本文写真　増田ユリヤ
デザイン（扉裏・図表）フロッグキングスタジオ
地図　デザイン春秋会
校正　鷗来堂

池上彰

いけがみ・あきら

1950年、長野県生まれ。73年にNHK入局。94年から「週刊こどもニュース」のお父さん役として11年間にわたり活躍。2005年に独立。名城大学教授、東京工業大学特命教授。著書に「知らないと恥をかく世界の大問題」シリーズ、『20歳の自分に教えたい 現代史のきほん』など多数ある。増田ユリヤとの共著に『世界史で読み解く現代ニュース』『感染症対人類の世界史』など。これまでに85の国と地域を訪れた。はじめての海外は、33歳のときに取材で行った韓国。とくに印象に残っているのは、トルコのボスポラス海峡。忘れられない味は、イランで食べたラムチョップ。

増田ユリヤ

ますだ・ゆりや

神奈川県生まれ。27年にわたり、高校で世界史・日本史・現代社会を教えながら、NHKラジオ・テレビのリポーターを務めた。テレビ朝日系列「大下容子ワイド!スクランブル」でコメンテーターとして活躍。著書に『揺れる移民大国フランス』『世界を救うmRNAワクチンの開発者カタリン・カリコ』など多数ある。これまでに44の国と地域を訪れた。はじめての海外は、37歳のときに取材で行ったアメリカ。とくに印象に残っているのは、イスラエルのエルサレム旧市街。忘れられない味は、パリのカフェで食べたクスクス。

ポプラ新書
236
歴史と宗教がわかる!
世界の歩き方
2023年 2 月 6 日 第 1 刷発行
2023年 3 月31日 第 3 刷
著者
池上 彰+増田 ユリヤ
発行者
千葉 均
編集
近藤 純
発行所
株式会社 ポプラ社
〒102-8519 東京都千代田区麹町 4-2-6
一般書ホームページ www.webasta.jp
ブックデザイン
鈴木成一デザイン室
印刷・製本
図書印刷株式会社

N.D.C.209/254P/18cm ISBN978-4-591-17700-6

P8201236

生きるとは共に未来を語ること　共に希望を語ること

昭和二十二年、ポプラ社は、戦後の荒廃した東京の焼け跡を目のあたりにし、次の世代の日本を創るべき子どもたちが、ポプラ（白楊）の樹のように、まっすぐにすくすくと成長することを願って、児童図書専門出版社として創業いたしました。

創業以来、すでに六十六年の歳月が経ち、何人たりとも予測できない不透明な世界が出現してしまいました。

この未曾有の混迷と閉塞感におおいつくされた日本の現状を鑑みるにつけ、私どもは出版人としていかなる国家像、いかなる日本人像、そしてグローバル化しボーダレス化した世界的状況の裡で、いかなる人類像を創造しなければならないかという、大命題に応えるべく、強靭な志をもち、共に未来を語り共に希望を語りあえる状況を創ることこそ、私どもに課せられた最大の使命だと考えます。

ポプラ社は創業の原点にもどり、人々がすこやかにすくすくと、生きる喜びを感じられる世界を実現させることに希いと祈りをこめて、ここにポプラ新書を創刊するものです。

未来への挑戦！

平成二十五年　九月吉日　　株式会社ポプラ社